부동산
실수요자는
들으세요!

초판 1쇄 인쇄 2019년 1월 9일
초판 1쇄 발행 2019년 1월 16일

지은이 임대쪼금

발행인 장상진
발행처 (주)경향비피
등록번호 제2012-000228호
등록일자 2012년 7월 2일

주소 서울시 영등포구 양평동 2가 37-1번지 동아프라임밸리 507-508호
전화 1644-5613 | **팩스** 02) 304-5613

ⓒ 임대쪼금

ISBN 978-89-6952-306-8 03320

부동산 실수요자는 들으세요!

임대쪼금 지음

경향BP

부동산 가치를 보는 안목을 키우세요

저는 2008년 붇카페 회원이 2~3만 명이던 시절에 가입을 했습니다. 그때는 2~3만 명도 많다고 생각했는데, 지금은 카페 회원이 60만 명이 넘습니다. 붇카페 회원 수는 더 늘어나야 합니다. 아직도 전 국민의 1%만 붇카페 이야기를 듣고 있기 때문입니다.

붇카페 본연의 기능은 부동산 스터디입니다. 많은 사람이 이곳에서 유익한 나눔을 이어갔으면 합니다. 이 책은 붇카페에서 그동안 연재했던 '실수요자는 들으세요' 시리즈를 모아 정리한 것입니다. 제가 긴 시리즈를 통해 드리고 싶은 말은 가치 투자, 부동산 가치를 보는 안목을 키워 달라는 당부입니다.

우리는 일상의 삶을 살아가면서 옷은 잘 고릅니다. 음식도 잘 고릅니다. 웬만한 옷들은 예쁘게 코디해 입을 수 있고, 웬만한 음식점은 맛이 있다 없다를 구분할 수 있습니다. 맛집 추천도 할 수 있습니다. 비싼 옷이 아니라도 가성비 높은 소비를 할 수 있습니다. 취향의 차이이고 선택의 반영이지, 옷이나 음식 때문에 바가지 쓰고 속는 경우는 거의 없습니다.

그렇다면 옛날에도 사람들이 옷의 가치를 구분해서 입고 가성비 높은 소비를 했을까요? 그러지 못한 시절이 있었습니다. 한때 유형처럼 말도 안 되는 가격으로 옷을 사 입었던 세대들이 있습니다. 유행을 쫓아 사 입었던 거죠.

요즘에도 골든구스 유행 같은 경우가 있지만, 과거에는 게스, 케빈클라인, 마리떼프랑소와저버를 정말 비싼 가격임에도 불구하고 막 사 입었습니다. 요즘도 청바지가 10만 원이면 싼 편이 아닌데, 20~30년 전에 청바지를 10만 원, 20만 원 주고 사 입었습니다. 1990년대 이야기입니다. 그때 10만 원을 지금 돈 가치로 환산하면 30~40만 원은 되지 않을까요?

물론 지금도 명품 사는 사람은 명품 사고, SPA 브랜드 사는 사람은 SPA 브랜드를 삽니다. 하지만 옛날보다는 취향 같은 주관적 가치까지 포함해서 확실히 알뜰하고 가치 있는 소비를 합니다.

제가 말하고 싶은 것은 '경험'입니다. 경험을 많이 하면 많이 할수록 물건이 가지고 있는 가치를 판단하고 본인의 주관적인 가치까지 더해서 합리적인 소비를 합니다. 그런데 안타깝게도 집은 정말 비싼 물건인 데 반해 매수하고 매도하는 경험을 쉽게 해 보지 못합니다. 그러다 보니 많이 경험한 소수의 사람에게 휘둘리는 건지도 모릅니다.

제가 여러분보다 많이 해 본 것이라곤 실전에서 다세대, 다가구, 단독주택, 아파트, 빌라, 상가, 꼬마빌딩을 짓고 리모델링하고 매수하고 매도

하고 수리해 본 경험일 것입니다. 제가 여러분에게 알려 줄 수 있는 것은 이런 경험밖에 없습니다.

중·고등학생들을 보면 친구끼리 옷을 사고팝니다. 세상에 널린 게 옷인데 왜 그들끼리의 마켓이 형성되고 사고팔까요? 새 옷도 아니고 친구가 입던 옷을 사서 입습니다. 이런 건 그들만의 심리 때문입니다. 유행입니다. 보는 시야가 좁고 노는 물이 작다 보니 그 물 안에서 유행을 쫓는 것입니다. 누군가 바람을 만들고 '이 옷이 좋다.'라고 하면 서로 사려고 하는 겁니다. 적어도 그 무리 안에서는 옷을 파는 아이가 트렌드 선도자가 되고 패피(패션 피플)가 되는 겁니다.

그런데 유행을 쫓으면 분명히 타격이 옵니다. 월드컵 때 붉은악마 티셔츠 얼마 주고 사셨나요? 저는 월드컵이 끝난 뒤에 지하철 계단 노점에서 공식 티셔츠를 3,000원 주고 샀습니다. 상품은 철이 지나고 나면 본연의 가치를 찾게 됩니다. 티셔츠는 디자인이 좋아야 하고 면의 품질이 좋아야 하고 박음질이 우수해야 합니다.

월드컵 티셔츠와 같은 디자인은 잠깐 한 달은 우수한 디자인이지만 대회가 끝나면 인기가 없는 디자인이 됩니다. 디자인의 가치는 0에 수렴합니다. 그럼에도 불구하고 정품 티셔츠의 면과 박음질은 우수합니다. 저는 집에서 편하게 입으려고 노점의 티셔츠 품질을 확인하고 구입했습니다. 같은 가격의 시장 티셔츠보다 품질이 우수했습니다.

집에 비유하자면, 분양 홍보지에 과대 광고할 때 내세우는 우수한 입지, 교통, 학군에 현혹되면 비싸게 돈을 주고 집을 살 수도 있다는 말입니다. 그렇게 집을 사면 후회할 수도 있다는 겁니다. 합리적인 투자를 하려면 그 집과 입지가 가지는 고유하고 오래 지속될 수 있는 요소들을 찾아내야 합니다. 그것들의 가치를 판단해서 집을 사야 가치 투자가 됩니다.

부동산이 재미있는 점은 영원히 가치가 불변하는 건 없다는 것입니다. 옛날에는 강북 ○○아파트와 강남 ○○아파트 가격이 같았습니다. 부동산 투자를 처음 시작한 사람들은 믿지 못할 것입니다. 지금은 차이가 나도 너무 많이 나기 때문이지요.

그런데 훗날에는 강북이 강남을 역전할지도 모릅니다. 그럴 일은 없다고 할 수 있을까요? 강남이 그렇게 커진 것도 사람이 한 일이고, 강북이 낙후된 것도 사람이 한 일입니다. 판교가 커진 것도 사람이 한 일이고, 마포가 뜬 것도 사람이 한 일입니다. 이제 강북을 개발하려고 합니다. 외곽도 개발할 계획입니다.

그러니 유행처럼 강남에 매몰되지 말고, 아파트에 매몰되지 말고, 가치 투자를 하십시오. 현재 강남이 제일 좋은 입지라는 것은 인정합니다. 강남의 가치를 파악했고 주관적 가치까지 더해졌다면 강남 집을 사십시오.

그러나 30년이 지나면 달라질 수 있는 게 부동산이니, 유행을 쫓지 말고 미래를 내다보며 객관적 가치와 주관적 가치를 총동원해서 '나에게 맞는 집'을 찾기 바랍니다. 이것이 제가 최종적으로 하고 싶은 말입니다.

서울이 넓다지만 어찌 보면 좁은 땅덩어리입니다. 이 좁은 땅에서 '도토리 키 재기'하지 말고 넓은 눈으로 내 마을을 가꾸고 키우면 다 같이 가치가 올라갈 수 있습니다.

마지막으로 시리즈 전체 내용을 요약하면 다음과 같습니다.

1. 세상에 집은 많다.
2. 가치 투자의 안목을 기르자.
3. 현명한 부자가 되되 탐욕스런 욕심쟁이는 되지 말자.

그동안 '실수요자는 들으세요' 시리즈를 프린트해서 정독하고 밑줄 그으며 읽어 준 붇카페 회원님들께 정말로 감사의 말씀을 드립니다. 그 동안 교류할 수 있어서 아주 행복했습니다. 그리고 이렇게 붇카페에서 많은 사람이 부동산으로 교류할 수 있게 해 주신 카페 매니저 붇옹산님께도 감사드립니다.

"투자는 아름답게, 선택은 후회 없이, 사고 나면 내 집이 최고! 성투하십시오!"

임대쪼금

차례

PART 1 : 마음 편
——— 마인드를 갖추고 부동산 투자를 하라

PART 2 : 지식 편
공부를 하고 부동산 투자를 하라

PART 3 : 실전 편
───── 부동산 시장으로 나가 직접 부딪쳐라

PART 1

마인드를 갖추고
부동산 투자를 하라

– 마음 편 –

01
내 가족, 내 친구에게
조언하는 마음

실수요자에게 부동산 조언을 하는 이유

주변 가족, 친구들에게 부동산 조언을 할 때마다 떨립니다. 제가 하는 투자는 손해를 봐도 제가 보는 것이고, 저는 오를 때까지 기다릴 수 있는 맷집이 있지만, 주변 사람들은 그렇지 않기 때문입니다. 혹시라도 잘못될 경우 원망하는 소리라도 듣게 될까 봐 소중한 인연들에게 추천하는 일은 쉽지 않습니다. 그러나 15년 넘게 부동산 시장을 바라보다 보니 경험적으로 얻게 된 그 무엇, 즉 '느낌' 내지 '감각', '나만의 투자철학'이라고 할까 하는 것들이 생겨나게 되었습니다.

실수요자들은 '지금의 시장은 나에게 버겁다.', '급등하는 시장에서 가장 좋아할 사람은 다주택자들일 테다.' 하며 부동산 시장을 바라보며 한탄을 합니다. 결국 까놓고 보면 상승장에서 제일 기분 좋을 사람은 자산을 많이 가지고 있는 사람들일 테니까요.

이런 상승장에서 여러분에게, 특히 '부동산 투자가 낯설고 처음이거나 실패한 경험이 있어서 주저하는 사람들에게 어떤 이야기를 할 것인가?'를 고민했습니다. 저와 비슷한 투자철학을 가진 사람도 있고, 제 글을 비난하는 사람도 있을 것입니다. 그래도 이 글을 읽고 몇 사람이라도 도움을 받는다면 그것에 사명을 둘 생각입니다.

실수요자에게 부동산에 대한 글을 쓰게 된 이유는 부동산 시장에서 가장 죄 없는 사람이 실수요자들이기 때문입니다. 투자하고 투기하는 사람들이야 집값으로 손해를 좀 보더라도 자신을 탓하면 되지만 실수요자들은 바람에 편승해 덜컥 집을 사 버렸을 뿐인데 집값이 내려갈 때마다 자신을 자책하며 그때 집을 산 자신을 원망하게 됩니다. 부동산은 절대 투자해서는 안 될 투기 상품이 되어버린다는 것이 얼마나 안타깝고 힘든 현실인가요?

그래서 저는 실수요자가 조금 더 생각하고 조금 더 고민해서 이성적이고 가치 있는 투자를 하길 바랍니다. 그래서 정말 내 친구, 가족이 들었으면 하는 바람으로 이 책을 쓰게 되었습니다.

저희 가족은 정부가 임대사업자를 권하기 전부터 임대사업자였고 다주택자였습니다. 처음부터 임대사업자였던 사람은 없을 겁니다. 어렵게 첫 번째 집을 구하고, 그것이 다시 투자를 낳고, 투자를 하고, 또 투자를 하고…. 사이클에 들어가다 보니 이제는 집을 매입하는 눈이 생기고 수월해진 것 같습니다. 처음부터 뭔가를 잘하는 사람은 아무도 없습니다.

첫 집을 사기 위해 주택을 보러 다니다

저는 아버지의 전 재산을 지키기 위해 수백 채의 단독주택을 보러 다녔습니다. 당시 제 나이는 23살, 대학교 3학년이었습니다. 남들은 월드컵 응원할 때 저는 부동산을 보고 있었습니다. 아버지에게는 강북 아파트를 매도한 1억 5,000만 원이 있었고 저축 5,000만 원이 있었습니다. 당시 아버지는 해외에 계셔서 집을 직접 보러 다닐 형편이 못 되었습니다.

2억 원을 가지고 땅이 있는 집을 산다는 건 쉬운 일이 아니었습니다. 수업이 끝나면 가방을 메고 대방동, 상도동, 돈암동 등 만만해 보이는 지역을 매일같이 다녔습니다. 처음에는 부동산 중개업소 사장님들과 인사를 하고 대화를 나누는 게 어색해 문전박대당하기도 하고, 부동산 중개업소 사장님들께 충고를 듣기도 했습니다.

특히 같은 매물이 여러 부동산 중개업소에 나올 때가 있는데 이 부동산 중개업소와 저 부동산 중개업소 가격이 다를 때가 있다는 걸 알게 되었습니다. 지금이야 네이버 부동산에 실제 가격이 뜨지만, 그때만 해도 부동산 시장은 부르는 게 가격이고 흥정하기 나름이었습니다.

스스로 옥석을 가리고 지식을 쌓아 가며 1년 동안 수백 채의 집을 보았고, 부동산 중개업소 사장님들 명함도 수백 장이 쌓였습니다. 그러나 그해에 저는 집을 사지 못했습니다. 괜찮다 싶은 집이라 생각해서 아버지에게 말씀드리면, 아버지는 다시 큰아버지께 말씀드려 같이 집을 보라고 했으나 제가 고른 집은 그때마다 퇴짜를 맞았습니다.

결국 저는 그해에 집을 사지 못하고 아파트에 전세 1년으로 들어가게 되었습니다. 아버지는 한국에 오실 때마다 아파트보다는 주택을 사야 한다는 말씀을 하셨습니다. 그렇게 아파트 전세를 살면서 또 한 번 단독주택 구입에 나서게 되었습니다.

1년 사이에 부동산 시장이 많이 뛰다

다시 집을 알아보면서 제가 살 수 있는 집들이 줄어들고 있음을 체감했습니다. '올해는 꼭 집을 사야겠구나.' 생각하고 필사적으로 집을 보러 다니다가 마침내 첫 집을 구입했습니다. 대지 43평의 단독주택으로 북향의 코너 집이었습니다. 융자 1억 5,000만 원을 받아서 3억 5,000만 원에 매매를 했습니다.

아버지 명의의 집이지만 저로서는 잊을 수 없는 첫 집의 구매였습니다. 당시 저는 증여에 대한 상식도, 집 명의가 어떻게 되는지 등에 대해서도 전혀 몰랐습니다. 대학교 3학년이 알면 얼마나 알았을까요? 단 한 가지, 아버지의 전 재산을 지켜야 한다는 그 사명 하나로 2년 동안 집을 보러 다녔을 뿐 제 몫에는 관심이 없었습니다.

이렇게 구입한 2층 단독주택을 3층으로 증축하면서 뼈대만 남긴 채 신축 수준으로 4개월 동안 리모델링 공사를 한 후 10년을 살았고, 이 집은 훗날 우리 가족에게 15억 원의 가치를 안겨 주었습니다. 지금은 이 주택이 아파트로 바뀌었고, 아버지가 여전히 소유하고 있습니다. 사실 요즘의 급등장으로 평가한다면 20억 원 정도의 가치일 것 같지만, 저는 지금의 급등장이 정상이 아니라고 생각하기에, 그리고 아파트를 판 것도 아니기에 보수적으로 15억 원 정도로 평가하고자 합니다.

부동산 투자의 성공 요인은 무엇이었을까?

이상은 부동산 스터디 카페에 올렸다가 하루 만에 1만 뷰를 돌파한 글을 간단하게 요약한 것입니다. 당시 글을 읽었던 사람들이 결국 부동산 투자의 성공 비결은 '인내', '기다림'이라고 평가해 주었습니다. 맞습니다. 부동산은 인내입니다. 부동산을 구입한 후 산 가격보다 낮으면 팔지 않고 기다릴 수 있는 인내가 필요합니다. 물가는 계속해서 상승하기 때문에 일시적으로 집값이 내려가더라도 언젠가는 제 가격으로 돌아오고 그 가격을 돌파하게 됩니다.

중요한 것은 '하락장에서 얼마나 내려가고, 또 다시 제자리를 찾는 데 얼마나 시간이 걸릴 것인가?'입니다. 이 기간이 짧아야 다시 다른 투자를 할 수 있습니다.

어떤 상황이라도 옥석을 고를 수 있습니다. 지금 시장에서의 옥석은 바라보는 시각에 따라 다른 판단을 하게 됩니다. '어떤 집을 사야 앞으로 더 오를 것인가?' 측면에서 바라본다면 추격 매수를 할 수 있습니다. 가치평가가 제대로 되었다면 그 집은 하락하더라도 결국 최초 매입가를 추월하게 됩니다. 문제는 '그 기간이 짧으냐 기냐?'의 싸움입니다.

저는 '이 집의 가치가 현재 시장에 적절한가?'를 바탕으로 집을 판단합니다. 조금 덜 오르더라도 하락장에서 조금 덜 내리면 되기 때문입니다. 집들은 %로 오르고 내립니다. 간단히 설명하면, 10억 원 아파트와 5억 원 아파트가 있는데, 상승장에서 각각 50%씩 상승했다면 10억 원 아파트는 15억 원이 되고, 5억 원 아파트는 7억 5,000만 원이 되어서 그 갭은 5억 원에서 7억 5,000만 원으로 벌어지게 됩니다.

반대로 20%씩 하락한다면 10억 원 아파트는 8억 원이 되고, 5억 원 아파트는 4억 원이 됩니다. 갭이 5억 원에서 4억 원으로 줄어드는 것이지요. 이 말을 왜 하느냐면, 주택시장이 안정되거나 하락장이 왔을 때 갈아타려면 흔히 말하는 하방경직성, 즉 덜 내려가는 집을 사야 갈아타기에 수월하기 때문입니다.

그렇다면 결국 집을 어떻게 바라보고, 가치를 어떻게 평가할 것인가에 대한 물음이 남습니다.

땅이 있고 건물이 넓은 단독주택,
다가구주택은 배신하지 않는다

투자 흐름		재개발 평가액		현재 시세	
매매가격	3억 5,000만 원			아파트1 시세	15억 원
리모델링 비용	1억 2,000만 원	7억 원		아파트2 시세	10억 원
대출금	1억 5,000만 원			아파트1 분양가	6억 5,000만 원
보증금	1억 2,000만 원			아파트2 분양가	4억 5,000만 원
순투자금	2억 원	투자 수익	2억 3,000만 원	투자 수익	14억 원

　누구에게나 첫 경험은 소중합니다. 저의 부동산 첫 투자도 결코 잊히지 않을 것입니다. 아버지의 전재산 2억 원으로 구입한 단독주택은 3층짜리 다가구주택으로 변신했습니다. 2억 원으로 집도 사는 동시에 새 집에서도 살고 싶은 욕구를 충족시키기 위해 2층 단독주택을 사서 3층 다가구로 변신시켰습니다. 리모델링 비용은 보증금으로 충당했습니다. 표에는 나타나지 않지만 대출금의 이자는 월세를 받아서 충당했습니다.

　결론적으로 다가구 변신은 큰 이익을 안겨 줬습니다. 일반적으로는 리모델링에 사용한 돈은 매몰되는 비용인데, 재개발 감정평가에서 가치를 조금 더 높여 주는 역할을 했습니다. 결정적으로는 분양권을 하나 더 받게 되었습니다.

원래 재개발을 할 때는 한 명의 조합원에게 한 채의 분양권을 주는 게 원칙이지만, 당시 건물의 연면적이 일정 수준 이상인 조합원에게는 25평 분양권을 하나 더 주는 제도가 있었습니다. 단독주택은 해당되지 않았지만, 다가구로 리모델링을 한 후 건물의 연면적이 늘어나서 아버지는 분양권을 하나 더 얻게 되었습니다. 당시 분양받을 때만 해도 부동산 경기가 좋지 않아, 아버지와 비슷한 조건의 다른 조합원은 2채를 분양받지 않고 1채만 분양받기도 했습니다.

　저는 1채를 더 분양받는 것을 선택했습니다. 당시 1채를 더 분양받겠다고 한 선택이 지금에 와서는 5억 원의 가치를 지니게 되었습니다. 부동산 투자는 찰나의 선택이 많은 것을 좌우합니다. 투자 금액이 크기도 하지만, 선택의 기회비용 또한 크다고 할 수 있습니다. 인생은 항상 선택의 연속임을 뼈 속까지 느끼게 해 준 사례라고 할 수 있습니다.

02
지금 집 사도 되나요?

찾아보면 자신에게 맞는 집은 언제, 어디든 있습니다. 그러므로 조금 기다리는 미학도 필요합니다. 겨울은 대부분 부동산 비수기입니다. 겨울 3개월은 짧다면 짧지만 또 길다면 긴 계절입니다.(올해 겨울은 겨울인데도 매수 우위였지만, 결국 부동산은 사이클이 있다는 것을 말하고 싶습니다. 관망할 수 있는 시간이 있다는 뜻입니다.)

아무리 집값이 뛰어도 언젠가는 멈춥니다. 많이 생각하면 생각할수록 후회 없는 투자, 만족하는 투자를 할 수 있습니다. 특히 요즘 같은 바람 앞에서는 냉정함을 잃지 않는 투자를 하기 바랍니다.

"지금 집을 사도 되나요?"라고 묻는다면, "네, 지금 집을 사도 됩니다." 라고 답하겠습니다. 그런데 충분히 고민하고 가치 투자를 할 것을 당부드립니다. 집을 사기 전에 먼저 몇 가지 질문을 스스로에게 던져 보기 바랍니다.

이 집의 가격이 내려가도
후회하지 않을 자신이 있는가?

모든 자산은 파동을 만듭니다. 집뿐만 아니라 금, 달러, 주식 등 모든 것은 오르고 내립니다. 주식이 하루가 다르게 등락을 거듭한다면, 부동산은 몇 달, 몇 년에 걸쳐 사이클을 만든다는 차이가 있습니다. 지금 집을 사면 당분간 집이 오를 수도 있고, 내릴 수도 있습니다. 그것은 솔직히 인간의 영역이 아니고 신의 영역입니다. 그렇다면 결국 우리는 현재 가치가 어떤지 객관적으로 평가해야 합니다. 때로는 이 객관성마저도 주관적일 수밖에 없는 상황에 놓이게 되므로 결국 자신이 만족할 수준인지 면밀히 검토해야 합니다.

얼마나 객관적인 눈을 가졌는가?

그래서 부동산 가치를 판단하기 위한 객관적 기준을 여러 개 가지고 있어야 합니다. 무언가 자신만의 기준이 있어야 합니다. 본인이 급여를 500만 원 받는다면 부동산에 대한 투자 여부를 판단할 때, '대출받은 2억 원에 대한 이자는 충분히 낼 수 있어.', '레버리지로 이용하기 충분해.', '지금 시점에서 가격이 오르긴 했지만, 이 가격은 원래 올랐어야 했던 가격이야.', '결코 오버된 가치로 이 집을 사는 건 아니야.' 등 자기만의 기준을 가지고 판단해야 합니다. 남이 추천해서, 바람에 편승해서 구입하게 되면 만족도가 떨어지고 후회도 깊어진다는 것을 명심해야 합니다.

어떻게 객관적으로 평가하는가?

우선은 5~10년치 가격 흐름을 봅니다. 주변 단지들과 비교해 보고, 주변 지역과 비교해 봅니다. 구입할 곳이 서울이라면 서울 전체 흐름과 비교해 봅니다. 비교하다 보면, 이 지역이 고평가되는지 저평가되는지, 이 아파트가 지역 내에서 어떤 흐름을 보이는지 눈에 들어오게 됩니다.

예를 들어, 공덕역 삼성아파트는 건축 연한이 오래되자 입지가 좋은데도 저평가되다가 최근에 재평가받는 분위기입니다. 과도하게 저평가되었다고 시장이 판단한 것입니다. 공덕2차 래미안도 저평가되었다가 서센자가 완공되고, 만리재가 정비되면서 공덕1구역 재건축이 진행되고, 공덕자이가 들어서며 아파트 단지를 형성하자 재평가받고 있습니다.

아파트를 객관적으로 평가하는 방법

1. 관심 있는 아파트의 5~10년치 가격 흐름을 본다.
2. 주변 단지들과 비교해 보고, 주변 지역과 비교해 본다.
3. 구입할 곳이 서울이라면 서울 전체 흐름과 비교해 본다.
4. 해당 지역이 고평가되고 있는지 저평가되고 있는지, 관심 아파트가 지역 내에서 어떤 흐름을 보이는지 확인한다.

공덕 주변 아파트

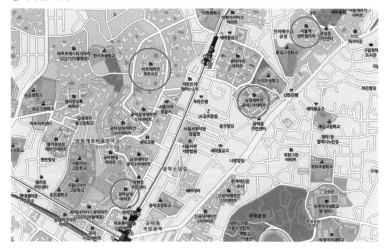

출처 : 네이버 지도

특정 아파트를 구체적으로 짚지는 않겠지만 고평가받는 아파트도 분명히 있습니다.

청량리 미주아파트는 어떤 흐름을 보였는지 차트를 한 번 살펴보세요. 청량리가 개발된다는 말이 들리고 전농뉴타운이 차근차근 진행될 때 미주아파트에 대한 감을 잡고 한 걸음 빨리 잡는 것이 투자를 잘하는 것입니다.

자기 자신을 한 번 되돌아보세요. 집을 구입할 때 어떤 기준을 가지고 있나요? 여러 부동산 전문가의 책을 읽고, 툴도 이용해 보세요. 이를 테면, 입지를 강조하는 빠숑의 글, 파인드아파트를 개발한 구피생이, 신문에 나오는 박원갑 인터뷰 내용과 칼럼들, 홍춘욱 박사의 블로그 등 전문가들의 글을 읽으면서 자기만의 객관적 기준을 하나씩 장착해 가세요.

몇 년을 살아야 실거주인가?

사실 실거주라면 집을 언제 사든 크게 상관이 없습니다. 지금 같은 광풍에 집을 사도 언젠가는 집값이 제자리에 옵니다. 지금 사자마자 집값이 오를 수도 있지만, 언젠가는 사이클을 타고 내려갑니다. 집은 결국 내려갈 때 얼마나 끈질기게 버티는가의 싸움입니다.

그런데 사람의 앞날은 어떻게 될지 모릅니다. 실거주라고 집을 샀지만 집값이 내려갈 때 집을 팔아야 하는 상황이 올 수도 있기 때문입니다. 그때 어떻게 버틸 것인가요? 손해를 감수하면서 팔 수 있는 용기가 있다면 상관없지만, 본전 생각에 팔 수 없다면 무조건 버텨야 합니다. 5년이고 10년이고 지나면 분명히 집값은 항상 돌아옵니다. 그 정도 버틸 자신이 있나요?

2016년에 썼던 「부동산 투자의 묘미? 재미?」에서는 집을 사도 좋다고 권장했습니다. 지금 그때보다 집값이 꽤 올랐습니다. 지금 오른 가치들이 적당할까요? 전문가들이 판단하는 자료들을 보면 서울 집값은 2017년이 되어서야 겨우 10년 전 고점을 회복했고(이 말은 10년 전에는 고평가되었다는 말입니다.) 중간 중간에 있었던 세계 경제 불황 이슈들(이것은 우리가 미리 예측하기 힘든 영역입니다.) 때문에 지난날 더 내려간 경향이 있습니다.

이런 이슈들은 그때그때 대응하는 수밖에 없고, 결국 조금이라도 낮은 가격에 사서 버티는 것 말고 별다른 대응책이 없습니다. 다시 정리해 보겠습니다. 실거주라고 말하고 혹시 투자를 생각하는 것은 아닌가요? 실거주라면 몇 년 정도 살아야 실거주라고 할 수 있을까요? 결국 5년, 10년 살다 보면 집값이 다시 제자리에 온다는데 지금 사서 5년, 10년 살아갈 자신이 있나요?

최소 5년, 나아가 10년 이상 살 자신이 있다면, 그런 만족이 담보되는 집이라면 그 집은 실거주와 투자 모두 안성맞춤일 것입니다. 실거주하는 집은 그만큼 애착을 가지고 애정을 쏟아 찾아야 합니다. 그래야만 장기간 거주가 가능하며 훗날 팔고 나올 때도 든든한 밑천이 되어 줍니다.

03
요즘 부동산 시장은
예전과 다르다

　　15년 전 제가 부동산 시장에 입문하던 시절과 요즘은 부동산 시장이 다릅니다. 예전에는 부동산 시장이 로컬(지역) 중심으로 움직였습니다. 제가 알아봤던 단독주택, 다가구주택은 특히 그랬습니다. 그 지역에 가야 그 지역 매물을 알 수 있었습니다. 그러니 자연스럽게 여러 지역으로 발품을 팔고 수백 채의 집을 직접 눈으로 보고 여러 부동산 중개업소 사장님에게 인사하고 명함을 받는 것이 일이었습니다.

　　이해하기 어렵겠지만 집주인이 매도자를 훑어보고 팔기 싫으면 집을 팔지 않는 시대였습니다. 매수자와 매도자 간에 서로 기운(?)을 주고받고 자신이 평생 가꾸어 온 집을 후회 없이 새로운 주인에게 물려주는 의식 같은 마음으로 집을 팔았습니다. 흥한 집을 사면 다음에 들어온 사람도 흥한다고 부동산에서는 기운이 좋은 집이라고 소개했습니다.

　　분양시장도 부동산 중개업소를 중심으로 움직였습니다. 떴다방이라고 해서 뭉칫돈을 들고 이 지역 저 지역 움직이며 부동산 광풍을 만드는 사람도 있었지만, 행동반경이 그렇게 크지는 않았습니다. 자신의 연고 중심으로, 옮겨 가더라도 이 동네에서 저 동네로, 이 동에서 저 동으로, 같은 구 안에서 뱅글뱅글 돌았습니다.

부동산 시장도 빅데이터 시대다

요즘의 부동산 시장은 주식 시황 차트마냥 가격이 쫙 나와 있습니다. 집에 앉아서도 전국 아파트 가격을 볼 수 있습니다. 시각 자료들이 넘쳐납니다. 장기간의 흐름을 파악할 수 있고 실거래가격도 신고를 합니다. 시장이 주먹구구식으로, 시장의 난전에서 물건을 사고팔듯 형성되지 않고 마트에서 가격표가 매겨지듯 매매되고 있습니다.

예전에는 실수요자들끼리 집을 사고팔거나, 작은 부자들이 여유 있는 집을 세놓고, 좀 더 큰 부자들이 건물을 가지고 살아갔다면, 요즘의 부동산은 투자 상품이 되어 버렸습니다. 금융계에서 말하는 헤지(hedge)의 개념이 된 것이지요. 수익률이 부동산만 못하니 다른 자산을 팔고 부동산을 삽니다. 돈은 가만히 있으면 물가상승률만큼 가치가 떨어집니다. 가만히 있는 것만으로도 손해를 보게 됩니다. 부동산은 물가상승만큼 꾸준히 오릅니다. 때로는 더 많은 수익을 추구하기 위한 투자 상품이 되기도 합니다.

주관적인 판단입니다만, 요즘의 부동산 시장에는 예전과 비교해 금융 관련 종사자가 많이 들어와 있는 듯합니다. 옛날에도 실수요자로서 금융 종사자들이 있었지만, 옛날 시장은 부동산 중개업소, 돈 많은 복부인(?) 중심의 소수로 구성된 그들만의 시장이었다면, 이제는 주식 시장을 모든 사람이 손쉽게 접근할 수 있는 것처럼 부동산 시장도 정보가 투명해지고 체계화되면서 전 국민의 시장이 되었습니다.

부동산 시장도 정보 통신 발달의 영향을 크게 받았습니다. 숫자와 통계, 예측을 좋아하는 사람들에게는 부동산 정보가 체계화되면 될수록, 투명화되면 될수록 투자 상품으로 안전성은 커지게 됩니다.

아파트가 각광받는 이유

아파트는 편리함으로 인해 사람들이 가장 선호하는 거주지입니다. 더불어 아파트가 각광받게 된 것은 금융 관련 종사자들이 본격적으로 부동산 시장에 들어왔기 때문입니다. 숫자를 좋아하는 그들이 부동산을 사고 팔 때 가장 선호하는 상품은 큰 빌딩, 작은 빌딩 그리고 아파트입니다. 그들에게는 투자 물건의 가치평가가 명확해야 합니다. 투자에 대해 비교적 오류가 없어야 하는데, 그런 의미에서 아파트는 매력적입니다.

아파트는 지역에 따라, 방향에 따라, 층에 따라 집 가격이 순차적으로 나열됩니다. 주식만큼 숫자가 명확하지는 않지만 꽤 명확한 숫자를 제시합니다. 부동산에서 현금화하기 가장 쉬운 상품이기도 합니다. 주식, 금, 달러처럼 팔고 싶을 때 시장 가격으로 팔 수 있는 상품인 것이지요. 아파트 시장, 특히 서울의 아파트가 핫한 것은 현금화하기 좋고 비교적 숫자로 표현하기 좋은 투자처이기 때문입니다.

조만간 단독주택, 다가구주택, 빌라도 계산이 매겨져 숫자로 나타난다면, 그들의 투자처가 될 수도 있을 것입니다. 그 전에 빌라를 사 놓아야 할까요?

시장의 변화는 실수요자를 힘들게 한다

전국의 배추를 몇몇 도매상이 독차지하고 공급을 조절하면서 가격을 항상 적당히 높게 형성해서 판다면 구매자 입장에서는 어쩔 수 없이 사더라도 기분은 썩 좋지 않을 것입니다. 몇백 원 더 주고 산다고 해서 구매자 입장에서 큰 타격이 있는 것은 아니지만, 공급자는 막대한 부를 누립니다. 배추는 전 국민의 상품이기 때문입니다.

아파트를 사고자 하는 사람은 많은데 소수의 다주택자들이 아파트를 싹쓸이하고 공급을 조절한다면 수요자 입장에서는 난감할 것입니다. 아파트를 완전히 보이콧하면 안 되니 적당히 비싼 가격으로 공급할 것입니다. 실수요자들이 비싸긴 하지만 사야 한다고 느낄 만큼의 가격으로….

자동차 시장도 한동안 그랬습니다. 현대자동차 가격이 좀 더 낮으면 좋을 것 같은데, 살짝 비싼 느낌이 듭니다. 그런데 수입차와 비교하면 훨씬 저렴합니다. 대안이 없으니 비싸다고 생각하면서도 현대자동차를 삽니다.

아파트는 어느 가격까지가 실수요자들이 비싸지만 그래도 사게 하는 수준일까요? 매수자마다 그 가격이 다르기 때문에 아파트 가격이 올라가면 올라갈수록 사는 사람의 수는 적어지게 됩니다. 그러나 이것도 모를 일입니다. 샤테크하듯이 집 있는 사람들이 비싼 집을 더 살 수도 있습니다. 나중에는 결국 오른다고 생각하면서….

정부는 고민이 많다

정부에서 서민들에게 집 장만하라고 공급을 늘려 분양해도 시간이 지나면 그 집이 돌고 돌아 서민에게 가지 않고 또 부자에게 가고, 투자자에게 가고, 투기꾼의 손에 가 있습니다. 이런 현상이 반복되는 것을 어떻게 해야 해소할 수 있을까요?

그래서 정부는 '집은 투기상품으로 보지 마라.', '다주택자에게 중과세할 테니 집은 집으로 봐 달라.', '우리 다 같이 잘 살자.'라고 시장에 메시지를 던집니다. 아니면 임대사업자라도 등록해서 집값 안정에 보탬이 되라고 요구합니다. 다 같이 살아 보자는 것이지요.

그런데 서민들의 생각은 다릅니다. '집은 내 집에 살아야 편하지, 남의 집에 살면 불편해.', '내 집에 살고 싶은데, 살 물건이 없어.', '겨우 나오는 매물은 나오는 게 값이야.', '도대체 언제까지 이 돈 주고 집을 사야 하는 거야? 정부가 대책 좀 세워 줘.' 임대사업자들은 '양도세가 높아서 이제 집을 팔 수 없어.' 이렇게 시장이 형성되어 갑니다.

그러니 임대주택 이야기가 나옵니다. 집주인이 국가면 임대료라도 낮게 받으며 안정적으로 임대할 수 있기 때문입니다. 그런데 집 없는 사람 입장에서는 평생 집 없이 산다는 게 마음이 편하지 않습니다.

시장은 사고팔 수 있을 때 작동한다

예전에는 소수의 사람이 주택을 많이 가지고 있으면서 적당히 이익을 보면서 시장에 공급자 역할을 했는데, 이제는 전 국민이 대놓고 주식 투자하듯 부동산 투자를 하는 세상이 되었습니다. 그런데 자유롭게 사고팔지도 못합니다. 양도세가 중과세이기 때문입니다.

부동산 시장이 변하고 있습니다. 부동산 시장도 주식 시장처럼 시장가격이 자유롭게 형성되지 못하고 왜곡되어 나타납니다. 주식 시장에도 항상 왜곡된 가격은 나타나지만, 이내 꺼집니다. 비정상적인 가격을 비정상적인 가격이라고 보는 눈 또한 발달하기 때문입니다.

04
내가 감당할 수준의 집은
어디까지인가?

주변 사람들과 부동산에 관한 대화를 하다 보면, 결국 고민의 끝은 '내가 가진 돈은 이 정도인데, 내가 가고 싶은 집은 이 정도다, 무리해서 갈까, 그냥 이 정도에서 만족할까?'입니다.

가용 가능한 자산 안에서 선택하다

부동산도 자동차를 구입하는 것과 비슷합니다. 저는 몇 번의 자동차 구입 경험이 있습니다. 처음에는 아반떼 정도 살 돈이 있었습니다. 사실 아반떼 살 돈도 모자랐습니다. 고민하다가 형에게 몇백 만 원 원조를 받았습니다. 그 돈을 가지고 고민했습니다. '아반떼가 최상의 선택일까? 좀 더 큰 차를 사고 싶은데…. SUV도 타고 싶다.'는 마음이 들었습니다.

그러다가 또 고민을 했습니다. 중고차로 팔 때는 어떤 차가 더 가치를 인정받을 수 있을까? 분명히 차를 또 바꿀 것 같은데, 어느 차가 실컷 타고도 감가상각이 덜 될까? 당시 저는 가성비라는 말을 몰랐기 때문에 이런저런 생각을 했는데, 생각의 끝은 결국 가성비였습니다. 그러다가 결국 기아 스포티지로 결정했습니다.

아반떼 살 돈으로 스포티지를 사다

스포티지와 아반떼는 가격차가 좀 있었습니다. 그래도 결국 저는 스포티지를 선택했습니다. 스포티지의 다소 높은 가격을 상쇄시키기 위해 가솔린 전륜을 샀습니다. SUV에서 4륜을 포기하고 디젤을 포기하니 값이 훅 떨어졌습니다. 장거리를 많이 뛰지 않는 제게 가솔린 SUV는 꽤 매력적이었습니다.(참고로 2007년경에 SUV 가솔린은 매우 생소한 선택이었습니다. 당시 SUV에 가솔린 옵션이 있는지 모르는 사람도 많았습니다.)

한 가지 더 생각한 것이 기아차의 미래였습니다. 당시 기아는 피터 슈라이어를 영입해서 디자인 경영을 하겠다고 했는데, 피터 슈라이어가 오면 왠지 기아차의 브랜드력이 업그레이드될 것 같았습니다. 이런 예측은 맞을 수도 있고 아닐 수도 있습니다. 맞으면 좋고 아니어도 큰 손해는 없는 예측입니다.

이렇게 결심을 하고 난 후 전국 영업사원들이 볼 수 있도록 견적 요청을 했더니(지금은 금지되었다고 함) 전국에서 견적이 왔습니다. 저는 가장 낮은 가격을 부른 영업사원에게 연락을 했습니다. 당시 저는 충청도에서 일하고 있었는데 서울에 있던 영업사원이 내려와서 서류 정리까지 다해 주었습니다. 어떻게 제게 차를 팔 생각을 했느냐고 물으니 1년 차 신입 영업사원인데 그 달에 1대도 못 팔아서 마진 없이 파는 거라고 했습니다. 차를 사고 난 후 아반떼를 산 동기와 서로 차 가격에 대해 이야기를 나누었는데, 옵션은 동기 차가 더 좋았지만 구입가격 자체는 제가 더 저렴했습니다.

중고로 볼보를 구입하다

그 다음에는 볼보 S40을 구입했습니다. 신차 가격이 3,600만 원인데 1년 6개월 타고 34,000km 뛴 차를 2,200만 원에 샀습니다. 저는 장거리를 뛰지 않기 때문에 연식 대비하여 많이 뛰었더라도 차를 타다 보면 킬로수는 맞춰질 거라 생각했습니다. 2010년 식을 2011년에 구입해서 지금까지 타고 있는데 12만킬로 정도 탔습니다. 이 차는 진짜 가성비 끝판왕이라고 생각합니다. 지금도 쩡쩡하니 잘 달립니다.

자동차 이야기를 장황하게 한 이유는 우리의 소비 수준과 패턴을 말하고 싶어서입니다. 우리는 무언가 물건을 사야 할 때, 일단 가진 돈으로 어떤 물건을 살 수 있는지 대략적이고 육감적으로 범위를 정합니다. 3억 원을 가지고 있으면서 강남 아파트를 꿈꾸지는 않습니다. 1억 원을 가지고 있으면서 마포 25평을 고려하지는 않습니다.

우리가 고민하는 것은 자신의 재정 수준에서 딱 한두 칸 정도 위의 단계, 이를 테면 아반떼를 사고 싶은데 소나타나 그랜저, 투싼이나 스포티지를 어떻게 하면 살 수 있을까, 소나타를 살 돈은 있는데 어떻게 하면 외제차도 탈 수 있을까 정도를 생각하는 것이지, 2,000만 원을 가지고 있으면서 벤츠 S600을 어떻게 탈까, 람보르기니를 어떻게 탈까 고민하지는 않습니다.

우리가 집을 구입할 때도 마찬가지로 자신이 사용할 수 있는 자금과 대출의 레버리지 효과를 생각하며 집을 선택해야 합니다. 우선은 자신의 순자산을 평가해야 합니다. 자기에게 3억 원이 있다면 일단 3억 원짜리 집부터 찾아봅니다. 그런데 마음에 드는 집이 없습니다. 그러면 대출의 범위를 10%, 20% 조금씩 높여 봅니다. 40%까지 대출이 된다면 그 선까지 대출을 받았을 때 자신이 선택할 수 있는 집 선택지들이 나옵니다. 자기에게 3억 원이 있다면 5억 원 아파트까지는 선택이 가능합니다.

대출이 70%까지 될 때는 1억 원을 가지고 3억 원 아파트까지 고민이 가능했습니다. 예를 들면, 북아현동 두산아파트가 몇 년 전에 3억 원 정도 했는데, 당시에 1억 원 가진 주변 사람들에게 두산아파트를 추천했습니다.

현실과 눈높이 맞추기

시장 환경에 맞춰서 집을 찾아야 합니다. 대출이 40%라면 1억 원을 가지고 우리가 살 수 있는 아파트는 2억 원 정도 아파트가 됩니다. 이렇게 되면 서울에서 아파트 사기는 어렵습니다. 그러면 빌라로 눈을 돌려야 합니다. 매입이 아니라면 아파트 전세나 월세도 대안이 될 수 있습니다.

저는 임대아파트에 대해 잘 알지는 못하지만 임대아파트도 대안이 될 수 있습니다. 강남에도 임대아파트가 있습니다. 아는 사람들은 다 압니다. 마포에도 임대아파트가 있습니다. 부산에 사는 친구도 임대아파트에서 삽니다. 부모님 명의의 임대아파트를 구입할 것인가 말 것인가 결정해야 하는 시기라고 했습니다. 친구는 임대아파트에 살지만 주식으로 돈을 벌어서 BMW를 타고 다닙니다.

생산성을 높여라

제가 이 말을 하는 이유는 당장의 집 결정도 중요하고 집으로 재테크를 하는 것도 중요하지만, 보다 근본적이고 중요한 문제는 자신의 '생산성'을 높이는 일이라는 것입니다.

생산성을 높이는 대표적인 예를 들자면, 직장에서 몸값을 높이는 것을 들 수 있습니다. 주식이든 부동산이든 투자를 잘하는 능력을 기르는 것도 자신의 생산성을 높이는 일입니다. 자영업이든 사업이든 경영을 잘하는 것도 생산성을 높이는 일입니다. 공무원처럼 급여가 정해진 삶이라면 10년, 20년 후를 내다보면서 인생 계획을 잘 세우는 것이 생산성을 높이는 일이라고 할 수 있습니다.

친구는 주식 투자를 통해 생산성을 높였고, 저는 부동산 투자를 통해 생산성을 높였다고 할 수 있습니다. 제게는 강북 아파트를 판 아버지의 2억 원이라는 자금(저축 5,000만 원 포함)이 주어졌고, 그 자금 안에서 어떻게든 아버지의 요청으로 단독주택을 구입해야 했습니다. 저는 제가 할 수 있는 옵션들을 가지고 최대한 궁리를 했습니다. 당시 1억 5,000만 원의 대출을 받았으니, 3억 5,000만 원 매매가 중 40% 조금 넘게 대출의 레버리지를 이용한 셈입니다.

집을 리모델링하고 증축하면서 든 1억 2,000만 원은 총 3개 층 중에서 1개 층을 전세 주고 1개 층을 월세 주면서 받은 보증금으로, 은행이자는 월세로 충당했습니다. 우리 가족에게는 깨끗한 방 2개, 거실 1개짜리 집이 생겼습니다.

전세 보증금을 올려 받으면서 새로운 투자를 할 수 있었고, 투자는 또 투자를 낳고, 또 투자를 낳았습니다. 그렇게 1개 집이 2개가 되고, 2개 집이 4개가 되고, 4개 집이 8개가 되는 식으로 자산이 증가했습니다.

무리하지 않되 최선을 다하다

실거주든 투자든 집을 살 때는 무리하지 말고 자기가 가용할 수 있는 금액 안에서 최선을 다해야 합니다. 아파트만 꼭 대상이 되는 건 아닙니다. 이것저것 자기에게 맞는 선택지를 찾아보면 여러 옵션이 생깁니다.

안 된다고 생각하면 영원히 안 됩니다. 지인 중 고소득 맞벌이 부부가 있는데, 아직도 전세를 살고 있다고 해서, "재개발 지역에 집을 하나 사둬라. 당장은 아니더라도 10년 후에 빛을 본다. 아이들 장가 갈 때쯤 되면 입주할 거다."라고 조언했더니, 며칠이 지나서 "생각해 보니 우리는 재개발 투자는 힘들 것 같다. 관리를 못할 것 같다."라고 했습니다.

역시 고소득자라 다르다는 생각을 했습니다. 사람마다 다르겠지만, 전세도 전세 나름이라 5억 원 이상의 전세에 사는 사람들은 사실 집을 못 사는 게 아니고 사지 않는 것입니다. 그들은 머리 아파하며 힘들게 노력해서 집에 투자할 마음이 없는 것입니다.

이런 사람들이 있으니 어떻게 보면 누군가에게는 여전히 기회가 있는 것이기도 합니다.

05
만족은 주관적이다

집값이 내려가면 내려가서 불안하고, 올라가면 올라가서 불안하고, 무주택자이면 무주택자라서 불안하고 유주택자이면 유주택자라서 불안합니다. 무주택자가 보기에는 유주택자가 불안해하는 것이 이해되지 않습니다.

유주택자는 자기가 찍어 놓은 집이 돈 모아서 옮겨 갈 때까지 안 올랐으면 좋겠는데 그 집도 어김없이 올라가니 불안합니다. 무주택자만 새로운 집에 가고 싶은 게 아니고 유주택자도 새로운 집에 가고 싶어 합니다. 그러니 부동산 시장은 무주택자들만의 경쟁이 아니고 무주택자, 유주택자가 한데 뒤섞인 치열한 경쟁 시장입니다.

만족스러운 집을 찾기 위해 애쓰다

집을 살 때의 만족도는 학교 다닐 때의 경험과 비슷합니다. 잘하지 못하는 과목을 60점 받으면 70점 받고 싶고, 80점 받게 해 달라고 기도까지 하다가 막상 80점을 받으면 90점을 받고 싶습니다. 똑같이 90점 받았는데, 어떤 학생은 울상인데 어떤 학생은 희희낙락입니다.

저는 고등학교 때 공부를 잘하지 못했습니다. 고3이 되어서야 정신 차리고 공부하기 시작했습니다. 다행히 성적이 어느 정도까지는 올랐습니다. 다행히 초등학교 때 전교 상위권이던 아이들과 비슷한 대학에 들어갔습니다.

초등학교 동창 중 한 명은 A대학을 진학했는데 마음에 들지 않아 반수를 했습니다. 반수 후에 B대학을 갔는데 B대학도 마음에 안 들어 C대학을 목표로 삼수를 했습니다. 그런데 C대학에 갈 점수는 안 되어서 고민하다가 결국 다시 A대학을 갔습니다. 그 사이에 A대학은 발전을 해서 B대학을 따라잡은 상태였습니다.

저는 당연히 고2 때보다 성적이 올라서 서울로 대학을 갔으니 만족하며 다녔습니다. 그런데 저도 좀 다니다 보니 대학이 불만족스러워 더 좋은 대학에 가고 싶은 마음이 생겼습니다. 그러나 고3 때처럼 공부할 자신이 없어서 재수를 택하지는 않았습니다.

만족이라는 것은 주관적일 수밖에 없습니다. 자기가 만족하지 못하면 누가 뭐라고 해도 만족스럽지 못한 것입니다.

부동산 시장도 마찬가지입니다. 우리는 무언가 만족스러운 집을 찾으려고 열심입니다. 한참 앞만 보고 뛰다 보면 어떤 집이 만족스러운 집인지 몰라 헤매기도 합니다. 누군가에게 물어도 봅니다. 강연을 들으며 강사가 설명하는 집이 만족스러운 집이라고 머릿속에 주입합니다.

과거로 돌아가도 또 그렇게 할 것이다

저는 30년 된 낡은 집을 고쳐서 살았지만, 나름 집이 깔끔하고 사는 데 불편함이 없었기 때문에 만족스러웠습니다. 동네가 개발된다는 소리를 듣고 나서는 10년 후 새로운 아파트에 들어갈 생각을 하니 밥을 먹지 않아도 배가 불렀습니다.(사실 개발하는 데 10년이나 걸릴 줄 몰랐습니다. 추진위 동의서부터 조합 설립, 분양, 관리처분, 철거 등 정말 지루한 시간입니다.)

누군가는 깨끗한 아파트가 좋지, 단독주택, 다가구주택, 빌라 같은 곳은 자기 체질에 맞지 않는다고 말합니다. 살고 못 살고가 어디 있나요? 이 집이 내 집이면 제일이지요. 집주인에게 잔소리 들을까, 전/월세 오를까 신경 쓰는 것보다 자가에 사는 게 훨씬 마음 편합니다. 물론 이것도 주관적인 만족입니다.

저마다 만족도가 다르기 때문에 누군가는 아파트에, 누군가는 단독주택에, 누군가는 자가로, 누군가는 전/월세로 삽니다. 각자 자신의 취향이 반영되는 거지요. 그러니 자신의 선택에 가급적 후회하지 말고, 선택했다면 만족하는 삶을 이루어 가길 당부하고 싶습니다.

당시 상황으로 돌아간다면, 저는 또 다시 그런 선택을 할 것입니다. '나는 빌라보다 아파트에 살고 싶으니까 그냥 아파트 반전세로 월세 조금 더 내고 살래.' '여기 재개발 빌라에서 이주할 때까지 끝까지 버틸래.' 이런 선택은 다른 사람이 아니라 자기 자신이 하는 겁니다. 어찌 보면 그런 선택을 할 수 있다는 것만으로도 우리는 행복합니다.

자신의 집에 만족하는 사람이 진정한 승자다

집 하나 바라보고 살다 보면 몇 년은 훌쩍 지나가 버립니다. 나이가 들수록 한 달, 두 달은 시간도 아닌 듯 너무 금세 지나가 버립니다. 어떨 때는 1년도 금방 지나가 버립니다. 전세 계약한 지 얼마 되지 않은 것 같은데 벌써 2년 만기가 돌아옵니다.

부동산에 얽매여 살아온 지난 15년을 돌아보면, 즐겁기도 했고 행복하기도 했고 만족스럽기도 했습니다. 그러나 한편으로는 불안하기도 했고 불행하기도 했고 불만족스럽기도 했습니다. 비가 새는 집을 상상해 보세요. 비가 새면 정말 울고 싶습니다. 불행합니다. 비가 새면 밖에서 방수를 잡아야 하지만, 집 안 쪽은 누수로 인해 도배를 새로 해야 합니다. 돈이 이중으로 나갑니다. 이 집을 왜 샀을까? 불만이 확 올라옵니다.

비가 새는 것을 고치는 데 들어간 나의 시간과 노력이 아깝다고 생각하면 한없이 후회스럽지만, 그 일 덕분에 방수와 집수리 관련한 사항들을 알게 되었습니다. 그렇게 집을 고치는 과정에서 누수 전문가, 페인트 사장님, 싱크대 사장님, 설비 사장님, 방수 사장님, 벽지 사장님 등 많은 분을 만나고 교류하며 노하우를 쌓게 되었습니다.

　저는 지금 행복하다고 자신 있게 말할 순 없지만 제 삶에 만족합니다. 과거 돈이 없을 때는 사는 집이 개발된다는 생각에 기분이 좋았고, 막상 개발되니 개발되어서 기분이 좋았습니다.

　저는 강남 가서 살 마음도 없고 강남 거주의 필요성을 아직은 못 느낍니다. 15년 전 마포에 처음 터를 잡았을 때는 지금처럼 마포 시세가 높지 않았습니다. 살다 보니 이렇게 된 것이지만, 시세가 높아졌다고 해서 사람이 갑자기 바뀌는 것은 아닙니다.

　결국 자신의 삶에 만족하는 사람이, 자신의 집에 만족하는 사람이 부동산에서 진정한 승자입니다. 부디 독자들은 승리하는 삶, 만족하는 부동산 투자를 하길 바랍니다.

06
일단 구매하면 내 집이 최고다

차를 사러 중고차 시장에 갔습니다. 중고차지만 신차처럼 깨끗한 차들을 둘러봤습니다. 1년 반 된 볼보를 사서 몰고 갔을 때도 주변 사람들은 제가 신차를 샀다고 생각했습니다. 1년 정도 된 차들은 아직 비닐도 뜯지 않고 신차 냄새도 조금은 남아 있으니 그럴 만했습니다. 차를 깨끗하게 잘 관리하는 차주였다면, 더욱 신차의 느낌이 남아 있습니다.

차를 새로 사면 지금 타고 있는 차는 팔아야 하기에, 8년이 됐지만 12만킬로 정도 탄 나의 깨끗한(!) 볼보를 팔려고 문의를 했습니다. 그런데 어이가 없었습니다. 사랑스럽고 짱짱한 제 차를 400만 원밖에 안 쳐 준다는 거였습니다. 황당한 표정으로 다른 곳에 문의하니 350만 원을 쳐 준다고 했습니다.

저는 마음을 진정하며 이런저런 설명을 했습니다. 이 차는 특별히 사고 난 적도 없고, AS는 정식센터에서만 받았다. 그래서 히스토리가 다 있고 며칠 전에 타이어도 4짝 다 갈았다. 주저리주저리 설명하자 딜러가

"네네, 그래요, 깨끗하게 타셨네요, 20만 원 더 드릴 수 있습니다."라고 말했습니다.

그때 알게 되었습니다. 중고차 시장은 연식과 킬로수가 중요하다는 것을…. 아무리 깨끗한 이력을 갖고 있더라도 그 범위를 벗어날 순 없다는 것을…. 차에 대한 가치는 자기가 잘 아는 것이니, 이 차를 몇 년 더 타는 것이 나의 가성비 소비에 가장 잘 어울리는 방법이구나. 이렇게 결론에 도달하자 새로운 차를 사는 것을 중단하고 이 차를 몇 년 더 타는 것으로 마음을 바꾸었습니다.

소유 효과

다음은 TV에서 본 내용입니다. 리처드 탈러(Richard H. Thaler)가 A그룹 학생과 B그룹 학생을 대상으로 실험을 했습니다. A그룹 학생에게는 대학 마크가 그려진 컵을 줬고, B그룹에게는 현금을 줬습니다. 그리고 나서 물었습니다.

"A그룹은 이 컵을 얼마에 파시겠습니까?"

"B그룹은 이 컵을 얼마에 사시겠습니까?"

A그룹 학생들은 평균적으로 컵을 5.25달러에 판다고 했고, B그룹 학생들은 평균적으로 2.75달러에 사겠다고 했습니다.

여러분이 A그룹이라면 컵을 얼마에 팔겠습니까? B그룹이라면 얼마에 살 것 같은가요?

저는 A그룹이면 비싸게 팔고 싶을 것이고, B그룹이면 싸게 사고 싶을 것 같습니다. 인간의 마음이 그런 겁니다. 이건 잘했다 잘못했다, 옳다 그르다를 따지는 문제가 아닌, 우리 마음의 문제입니다.

상승론자와 하락론자

부동산 시장에도 상승론자가 있고 하락론자가 있습니다. 대체로 상승론자는 유주택자이고 하락론자는 무주택자입니다. 상승론자가 옳다, 하락론자가 옳다를 떠나서 자기의 마음이 어디로 흐르고 있는지를 보세요.

우리는 다른 지역은 쉽게 평가할 수 있지만, 자기가 사는 지역에 대한 평가는 편향적이기 쉽습니다. 적어도 소유 효과에 의하면 그렇습니다. '아니, 내가 산 혹은 살고 있는 집이 이렇게나 좋은데, 어떻게 시장 가격은 이것밖에 안 되는 거지?', '우리 집 가치가 너무 평가 절하된 거 같아. 내가 카페 가서 열심히 홍보해야겠어.' 이런 마음으로 우리 지역, 우리 집 홍보를 하게 됩니다.

그러다가 우리 지역을 깎아내리는 것 같은 코멘트를 보면 흥분합니다. '아니, 우리 아파트 가격을 왜 깎아 내려요?', '우리 지역을 왜 저평가하시죠?'라며 항의를 합니다.

물론 정말로 악의를 가지고 흥을 보는 사람도 있을 수 있습니다. 그러나 우리가 시장 가격의 범위를 이길 수는 없습니다. 한두 번은 고가에 팔릴 수 있지만, 지역민들이 똘똘 뭉친다고 해서 대세의 흐름을 막을 수는 없습니다.

왜 체어맨은 팔리지 않고 단종되었을까요? 아무리 예전에 에쿠스와 맞먹었다고, 에쿠스에 비하면 가성비가 좋다고 말해도 소비자가 외면했기 때문입니다. 그것이 시장의 논리입니다.

자신의 집을 객관적으로 바라보라

집을 사면 우리 집이 좋아 보이는 이유, 우리 집이 최고가 되는 이유는 '소유 효과'로 간단히 설명됩니다. 그렇다면 우리가 어떤 스탠스(stance)를 견지하는 것이 마음을 편하게 할까요?

가급적 우리 집도 큰 시장 안에서 편향성 없이, 객관적으로 바라보는 것이 스트레스를 덜 받습니다. 인정해야 합니다. '아, 우리 집이 시장에서 이 정도 수준으로 평가받는구나.', '생각보다 가치를 더 인정받는 것 같네.', '집값이 올라서 기분이 좋구먼.', '내가 생각했던 것보다 시장에서 평가를 덜 받는 것 같네, 내가 너무 편향되게 생각했나?' 이런 마음으로 집을 바라봐야 다음 번 투자에서 성공과 실패의 갭을 줄일 수 있습니다.

소유 효과를 알게 된 사람이라면 적어도 자기 집을 객관적으로 바라보길 바랍니다. 그래야 진정으로 부동산 투자에서 승리할 수 있습니다.

07
투자에 실패하는 이유

똑같이 부동산 공부를 합니다. 정보를 교환하고 의견도 주고받고 조언도 하고 충고도 합니다. 그런데 몇 년이 지나면 누군가는 투자에 성공했고, 누군가는 제자리에 그대로 있습니다. 왜 이런 현상이 발생할까요?

같은 부동산 정보, 다른 투자 결과

똑같이 이야기를 듣고, 똑같은 시기에 똑같은 고민을 했는데, 왜 투자의 결과는 달라질까요? 당연한 이야기지만 투자 주체, 결정을 한 사람이 다르기 때문입니다.

우리는 각자 고유한 '나 자신'입니다. 다양한 정보를 접하지만 각자 다르게 판단합니다. 이건 부동산뿐만이 아닙니다. 물건을 살 때도, 학교를 결정할 때도, 사는 곳을 결정할 때도 똑같이 적용됩니다.

부동산 투자를 망설이는 한 분을 만났습니다. 지난날의 악몽이 떠오른다고 했습니다. '집을 샀는데 집값이 하염없이 내려갔다. 그래서 팔았다. 그런데 집값이 올라갔다. 이제는 올라가는가 보다 싶어 다시 샀다. 그런데 또 내려갔다. 더 내려가면 안 되지 싶어서 팔았는데 파니까 또 올라갔다.'고 했습니다.

또 다른 분을 만났습니다. '부동산 가격이 내려갔다. 살 때가 되었나 싶어 한 채를 샀다. 집값이 올랐다. 기분이 좋았다. 또 경기가 안 좋아졌다. 집값이 내려갔다. 살 때가 됐구나 싶어 또 한 채를 샀다. 얼마 안 있으니 집값이 올라갔다. 기분이 좋았다. 세계 경제 위기가 왔다. 집값이 또 내려갔다. 또 내렸네 하면서 또 한 채를 샀다. 집값이 하염없이 올라갔다.'고 했습니다.

똑같은 부동산 사이클에 놓여 있는데 정반대의 선택을 한 예입니다. 무엇이든 경험해 보고 확신이 들면 결정하기 쉬운데 부동산은 결정하기 참 어렵습니다. 채소나 과일을 사는 것이면 언제 사면 그것이 제철인지, 유독 가격이 싼 날이나, 맛도 없는데 비싸다는 것을 금방 알아차릴 수 있습니다. 그런데 부동산은 언제가 비싼지 싼지 측정이 참 어렵습니다. 왜 그럴까요? 매매한 경험이 많지 않기 때문입니다.

부동산에 꾸준히 관심을 가져라

투자 실패를 줄이고 싶다면 투자를 직접 경험해 봐야 합니다. 두렵게

만 느낀다면 더 이상의 발전이나 성공은 없습니다.

언젠가 집을 살 것이고, 이왕 사는 것 투자 수익도 얻고 싶다면, 꼭 투자 수익이 아니더라도 급하게 팔아야 할 사정이 생겼을 때 손해 보지 않고 팔면 좋겠다면, 시행착오를 줄일 수 있도록 평소에 연습을 해야 합니다. 연습만이 살 길입니다.

주식에는 가상투자가 있습니다. 모의투자대회가 있습니다. 그렇게 실전 같은 연습을 경험하고 실전에 나와도 부담스러운 것이 주식 시장의 현실입니다. 부동산도 여러분이 모의투자를 해 봐야 합니다. 모의투자 대회가 있는 것은 아니지만, 가상의 머니로 현실처럼 투자를 해 보세요.

돈이 없어서 요즘 같은 폭등기에 집을 못 샀다고 애석해하지 말고, 요즘 같은 시기에도 어떤 집에 투자하면 수익이 날 수 있는지, 손해는 없는지 자신의 실력을 테스트해 보세요. 요즘은 실거래가격이 모두 오픈되기 때문에 부동산으로 모의투자하기에 참으로 안성맞춤입니다.

집을 살 수 있는 시기는 언제나 옵니다. 당장 3년 후, 5년 후에 올지도 모릅니다. 진짜 집을 사는 것은 그때 사도 늦지 않습니다. 부동산에 관심을 가지는 사람은 많은데 꾸준히 공부하는 사람이 드뭅니다.

시장이 침체기일 때는 시장에 관심이 없다가 시장에 열기가 생기면 그제야 '뭐지, 살 때가 되었나?'라면서 시장에 참여합니다. 그때부터 공부를 합니다. 그러면 이미 투자에 참여할 수 있는 시기는 늦습니다.

강남에 아파트 분양권을 산 친구가 있습니다. 그 친구가 잘한 점은 부동산에 대해 꾸준히 관심을 가지고 있었다는 겁니다. 본인 집이 생기고 난 이후부터는 꾸준히 부동산에 관심을 가졌습니다. 그 출발점이 뭘까요? 자신이 살고 있는 집의 집값이 떨어지나 올라가나가 궁금했기 때문입니다.

부동산 모의투자를 해 보라

집을 막상 사야 할 시점이 되어서 부동산 공부를 하면 늦습니다. 평소에 꾸준히 시장을 들여다보고 모의투자를 해 봐야 집값의 흐름이 느껴집니다. '지난해보다 많이 내려갔네.', '다른 지역은 다 내려가는데 이 아파트는 흐름이 단단하네. 이유가 뭘까? 옆 단지도 그런가? 이 지역에 무슨 일이 있는 거지?' 등 흐름을 유심히 보다 보면 뭔가 궁금해지고, 좀 더 찾아보게 되고, 더 알게 되고, 확신이 생기고 투자 적기를 알게 됩니다.

과거의 경기 침체, 세계 경제 위기 때 부동산 투자에 실패해서 트라우마가 생겼거나 투자에 대해 망설이게 되었다면, 그래서 또 투자해서 실패하면 정말 자신이 싫을 것 같다면, 그렇지만 결국 집을 살 수 밖에 없다고 생각한다면 부동산 모의투자를 해 보세요.

그 지역, 그 아파트의 흐름을 1년이고 2년이고 관찰해 보세요. 그 아파트를 영영 못 사게 되더라도 옆 단지, 옆 아파트, 옆 동네를 관찰해 보세요. 그 아파트를 사지 못하는 아쉬움이 생기더라도 다른 대안이, 더 좋은 선택이 기쁨을 안겨 줄 것입니다.

어차피 해야 할 투자라면 더 공부하고 관찰하면서 확신이 들 때까지 모의로 투자하고, 그 결과를 잘 적어 두세요. 시간이 지나서 확인하면 부동산 시장이 변화하는 것을 알 수 있습니다.

자신이 막연히 생각하거나 기억에 의존했던 내용과 실제 적어 놓거나 사진 찍어 놓은 사실 사이에 내용이 일치하지 않는 경우가 종종 있습니다. 막연하게 '내가 예전에 5억 원에서 7억 원이 될 거라 생각했는데 진짜 7억 원이 됐네.' 이렇게 판단하지 말고, '2017년 5월 5억 원이지만 이러저러한 이유로 7억 원까지 올라 갈 것 같음.' 식으로 구체적으로 시기를 적고 판단 이유를 적어 두세요. 그리고 모의투자에 성공하거나 실패한 이유를 객관적으로 평가해 보세요.

시세 확인용 기준 아파트를 두라

저는 마포에서 기준으로 삼는 아파트가 있습니다. 이 아파트 시세가 어떻게 되는지 수시로 확인합니다. 서대문과 은평구에도 기준으로 삼는 아파트가 있습니다. 이렇게 기준으로 삼은 아파트 가격을 보다 보면, 다른 아파트 시세를 보게 되는 날이 옵니다.

자기 돈이 없어서 투자도 하지 못하는데 부동산 가격은 봐서 뭐하냐는 생각은 버리세요. 자기가 투자하지 못하더라도 내 가족이, 내 친구가 투자를 할 수 있는 날이 옵니다. 그때 조언을 해 줄 수 있습니다.

모의투자를 하는 데 10번 중 9번은 성공이라면, 이제는 투자에 대한 확신을 가져도 됩니다. 실거주를 해야 하고 지금 당장 한두 달 있다가 이사를 해야 하는데 모의투자 같은 것 할 시간이 어디 있냐고 한다면 저는 반대로 묻고 싶습니다. '일생일대에 중요한 투자, 삶에서 가장 큰 베팅을 왜 한두 달 만에 결정하려고 하세요?' 한 번의 결정으로 몇 년이 좌우될지도 모르는데 왜 직장 생활에 쫓기며 며칠 만에 판단하려고 할까요?

부동산 투자 실패를 줄이고 싶다면, 부동산을 곁에 두고 오래오래 보세요. 언제나 투자의 기회는 온다고 여유를 가지세요. 모의투자를 하면서 확신이 들 때 자신의 집을 장만하세요. 그렇게 한 번의 투자가 성공하면 또 다른 투자를 낳고 그 투자가 또 다른 투자를 낳게 되니까요.

08
종합부동산세에 대하여

    종합부동산세(이하 종부세) 관련 뉴스가 많이 나옵니다. 실제 정책과 뉴스의 방향, 국민의 체감은 거리가 있음을 느낍니다. 종부세에 해당하는 국민이 몇 명이나 될까요? 종부세에 해당하지도 않는데, 종부세 뉴스에 움찔합니다. 실제로 종부세에 해당하는 사람들은 조용히 계산기를 두드리며 세금 계산하고 있을 텐데, 종부세에 해당하지 않는 서민들이 경각심을 가집니다. 아이러니합니다.

    종부세를 내더라도 그런 집을 가지고 싶다고 생각하는 사람도 분명 있을 겁니다. '종부세를 내면 비로소 부자가 된 듯한 느낌을 가질 것 같다.'고 생각하는 사람도 있을 겁니다.

    일단 지금 시장 상황에서 실수요자들에게는 9.13 대책이 경고도 아니고 겁을 주는 것도 아님을 알아야 합니다. 실수요자들에게, 특히 무주택자들에게 시장은 항상 관대했습니다. 사실을 말하자면 관대했다기보다 관심이 없습니다. '일단 집부터 마련하고 나서 대책에 관심을 가져라.' 정도가 국가의 메시지입니다.

종부세는 심리적 라인이다

실수요자에게 종부세는 별 상관이 없는 딴 나라 이야기입니다. 그럼에도 불구하고 종부세의 의미를 생각해 볼 필요는 있습니다. 어쩌면 '종부세가 심리적 라인을 잡아 준다.'는 생각이 듭니다.

심리적 라인이 무슨 말이냐면, 한국의 물가 수준, 한국의 경제 수준을 감안했을 때 이 정도면 충분히 집값이 비싸다는 겁니다. 서울이고 좋은 인프라인 걸 감안해도 같은 평수에 그 정도 가격이면 너무 비싸다는 겁니다. 그러니 적당히 하라는 겁니다.

국민들에게 이 정도 가격이면 충분히 높은 가격이니 세금까지 내가면서 그 집을 구입할 것인지 생각 한 번 해 보라고 넌지시 경고하는 겁니다. 해수욕장에 빨간색 부표로 가드라인을 띄워 놓은 것처럼 그 선 넘어가면 돌아오라고 경고를 하는 의미입니다.

은퇴한 노인에게 종부세가 주는 부담

한편 이해되지 않는 부분도 있습니다. 강남에서 평생을 살았고 집 한 채가 전부인 은퇴한 노인인데, 종부세를 수백 만 원씩 내라고 하면 무척 부담될 것입니다. 나이가 들어 종부세 낼 돈이 없으면 강남을 떠나서 살아야 한다는 국가의 조언일까요? 아니면 집을 담보로 대출을 받아 종부세를 내고 살라는 뜻일까요? 투기를 억제하기 위해 종부세를 마련했다지만 실수요자인 1주택 종부세에 대해서는 재고가 필요하다는 생각이 듭니다.

집값은 한 개인이 올리고 싶다고 올리는 게 아니고 시장이 가격을 올려 주는 것입니다. 그런데 30년을 강남에 살았다는 이유로 종부세를 왕창 내야 하는 건 그들에게 무거운 짐이 될 것 같습니다.

'어르신, 본의 아니게 종부세 내는 집에 살고 있다면 그 옆에 있는 종부세를 내지 않는 다른 아파트 중 하나를 골라서 옮겨 가십시오. 그러면 생활 인프라가 크게 바뀌지 않으면서 종부세도 내지 않아도 됩니다.' 이것이 국가의 메시지라면 수용 가능한 범위일까요?

종부세를 목표로 투자하라

종부세를 내지 않다가 종부세를 내게 되면 어떤 기분일까요? 종부세를 내게 되었으니 비로소 부자가 되었다고 좋아할까요, 원하지도 않는 세금이 혹처럼 붙었다고 싫어하게 될까요?

종부세를 내게 되었다면 부동산 투자로 성공했다는 뜻 아닐까요? 아직 종부세 근처에도 가 보지 못한 사람들은 분발하세요. 종부세를 내는 순간 대한민국 부동산 투자의 선두주자가 되는 겁니다. 종부세를 목표로 투자를 하세요.

일단 정책이 시행되면 있는 그대로 받아들이는 것이 정신 건강에 이롭습니다. 군이 정책을 뛰어 넘으려 하지 마세요. 현재의 정책과 규칙 안에서도 충분히 실력을 발휘할 수 있습니다. 투기지역을 지정할 때는 국가가 집값 오를 곳을 점찍어 준다고 생각하고, 종부세를 내라고 하면 국가가 고급 주택의 라인을 그어 준다고 생각하세요.

바다에 생명의 빨간색 부표가 떠 있듯, 부동산 시장에는 투기를 경고하는 종부세 라인이 있습니다. 일부는 종부세 라인 때문에 다소 억울한 느낌이 들 수도 있지만, 대다수 국민에게는 투기를 경고하는 가드라인입니다.

09
부동산의 객관적 가치와
주관적 가치

　만약에 집을 구하는 데 투자에 대한 욕심 없이, 최대한 개인의 취향만 반영해서 구한다면 그렇게 할 수 있을까요? 지금의 저는 그렇게 할 수 있다고 봅니다.

　지금까지는 계속 객관적 가치만 강조했습니다. 저의 투자 모토는 '안전한 투자, 잃지 않는 투자.'입니다. 개인의 취향과 느낌대로 집을 살 수는 있으나, 급할 때 손해를 보고 팔아야 할 수도 있기 때문에 집을 살 때에는 안전한 투자, 잃지 않는 투자가 중요합니다.

　그래도 마음의 여유가 있다면, 개인의 취향인 주관적 가치를 최대한 반영해서 집을 사는 것도 괜찮습니다. 집을 취향대로 사기에는 여전히 리스크가 존재하지만, 집으로 큰 이익을 볼 생각이 없다고 마음을 먹는다면 집 선택이 달라질 수 있습니다.

　저는 마포에 살고 있지만, 언젠가는 숲이나 강이 있는 곳으로 가고 싶습니다. 번잡한 도심에서 조금 떨어져 살고 싶습니다. 제가 관심을 갖고 계속해서 보는 곳은 평창동이나 서대문 안산 옆에 있는 성원상떼빌 같은 곳입니다. 네이버 부동산으로 가격을 보니 어마어마했습니다. 1, 2년 전만 해도 꽤 높은 가격이었으나 요즘 같은 폭등기에는 오히려 착해 보이는 가격입니다.

예전부터 부자들은 그곳에서 살았습니다. 교수, 의사 같은 고소득 전문직도 그곳에 자리 잡았습니다. 연희동도 예전부터 부촌인데, 그쪽 사람들이 일부 옮겨 왔습니다. 안산 자락길 같은 곳은 돈으로 살 수 없는 자연환경이라는 생각이 듭니다.

관악구 쪽에도 자연경관이 우수한 곳들이 있습니다. 그런 자연을 품고 살고 싶은 게 저의 바람입니다.

안산자락길

출처 : 서대문구청

집을 보는 안목을 키워라

예전에는 지인들이 정릉 쪽에 산다고 하면 '교통이 불편한데 왜 거기서 사나?' 하는 마음이 있었습니다. 경전철이 생기기 전에는 서울에서 교통 오지 중의 한 곳이었습니다. 그래서 아예 가 볼 생각도 하지 않았습니다. 그런데 숲에 관심을 가지기 시작하면서 정릉을 한 번 가보니 정말 좋았습니다. 하천을 끼고 시장이 형성되어 있고 정말 평화로운 분위기였습니다. 상권도 영리하게 발달되어 있었습니다.

한동네에서만 계속 살면 발전에 대한 체감이 더딜 수 있습니다. 다른 동네도 둘러보고 느껴 봐야 자기가 사는 동네에 대한 객관적 판단이 쉬워집니다.

모두 만족하면 최고지만,
차선의 선택은 잘 따져 봐야 한다

결국 우리는 객관적 가치와 주관적 가치가 모두 충족되는 집을 원합니다. 마침내 그런 곳을 발견하고 보면 그곳은 그 지역의 대장주요, 고가 아파트입니다. 그래서 주관적 가치를 양보하고 객관적 가치를 쫓을 것인가, 객관적 가치를 놓고 주관적 가치를 쫓을 것인가를 고민하게 됩니다.

저는 그동안 줄곧 객관적 가치를 우선시했습니다. 집이 허름해도 미래의 가치를 품고 있으니 참고 사는 것을 몸테크라고 이름 붙였습니다. 압구정 현대아파트는 연식으로 보면 우리나라 최고의 아파트가 아닙니다. 주차도 전쟁입니다. 그런데도 압구정 현대아파트를 우리나라 최고의 아파트로 치지 않나요? 집이 낡았어도 10년 후만 생각하면 기분이 좋아집니다. 빠르면 5년 후가 될까요? 지금의 가치에 못해도 10억 원은 더 주어야 미래의 압구정 현대아파트를 살 수 있을 것입니다.

객관적 가치를 내세우면 미래의 수익이 따라 옵니다. 서울의 오래된 좁은 아파트는 싫고 외곽의 34평 신축 아파트로 주관적 가치를 찾아서 갈 경우, 서울만큼의 수익은 얻지 못할 수 있습니다. 무엇을 선택하는가? 이것은 각자의 몫입니다.

저는 이제 주관적 가치를 쫓아갑니다. 옛날에는 돈을 쫓아 집을 샀지만, 이제는 정말로 나에게 맞는 집이 어디인지 하나하나 살펴보고 돌아보며 집을 고르려고 합니다. 붙카페는 수익률에 매우 민감한 곳이지만, 잡지나 신문을 보면 땅콩주택을 비롯해서 자신만의 취향을 반영해서 집을 찾아 떠나는 사람들의 이야기가 나옵니다.

집에는 사는 사람의 가치관이 반영됩니다. 어떤 삶의 철학을 가지고 있느냐? 이것이 집을 선택할 때에도 중요한 이유가 됩니다. 우리가 오로지 재테크 수단으로, 주식 시장 차트 보듯 집을 바라본다면, 우리 스스로 집이 주는 가치를 깎아내리는 것인지도 모릅니다.

낡았다고 무조건 가치가 없는 것은 아닙니다. 이 집에서 아이들이 자라고 이 집에서 여러 성공을 이루었고 이 집에서 이런저런 추억을 가졌다면, 이 집은 나의 기운이 깃든 나의 반쪽이 될 수도 있습니다. 첫 번째 집을 재개발로 떠나던 날, 하염없이 쳐다봤습니다. 지난 10년이 주마등처럼 스쳐 지나갔습니다. 빨간색 래커로 X자가 그어진 집을 보면서 많은 생각이 들었습니다.

'집 같은 것에 왜 그렇게 의미를 두느냐, 그냥 살다가 또 옮기면 되는 것이지.'라고 말할 수도 있습니다. 그렇다면 집도, 차도, 핸드폰도, 책상도, 옷도, 책도… 다 시간이 지나면 가치가 없는 것인가요? 추억이라는 것은 그렇게 무 자르듯 평가할 수 있는 것은 아니라고 생각합니다. 너무 순진한 것도 위험할 수 있지만 너무 계산적인 것도 위험할 수 있습니다.

삶에 정답은 없습니다. 스스로 만들어 가는 정답지에 우리의 집은 어떤 역할을 하고 있는지 스스로 정의 내려야 합니다.

10
부동산 투자 성공은 성적순이 아니다

부동산 투자는 아직 인간의 영역이다

부동산 투자는 주식, 채권, 달러 등이 갖지 못하는 흥미로운 구석이 있습니다. 요즘은 주식 매매를 대부분 컴퓨터가 한다고 합니다. 정교한 알고리즘에 의해 프로그램 매매가 이루어집니다. 그래서 주식 시장에서 인간은 기계를 이길 수 없다고 합니다.

저는 주식 시장에서도 여전히 가치 투자를 합니다. 이 가격이면 충분히 매력적이다 싶어 들어가는데, 주식 가격이 더 떨어집니다. 이 가격 이하로 떨어지는 게 아닐 것 같은데 더 떨어지니까 불안해서 더 사지는 못합니다. 결국 가격을 되찾고 올라가기 시작합니다. 저는 팝니다. 그런데 더 올라갑니다. 저렇게까지 고평가되는가 맞나 싶으면 언젠가 또 제자리로 와 있습니다.

저는 이해하지 못할 현상이지만, 컴퓨터는 이 모습도 기술적으로 다 이해하며 투자를 하겠지 생각합니다.

부동산 투자는 아직 기계가 근접할 수 없는 부분이 있습니다. 그래서 재미가 있고 기회가 있습니다. 부동산 가격을 결정하는 요인 중에 '아파트 거주민이 아파트를 대하는 태도, 수준, 기준'이라는 게 있는데 이런 요인을 민도(民度)라고 합니다.

어떤 아파트든 좋습니다. 강북과 강남에 같은 시기에 지어진, 이왕이면 30년쯤 된 같은 브랜드에 단지의 크기가 비슷한 아파트를 찾아보세요. 그리고 비교해 보세요.

대체로 강남에 있는 아파트의 관리가 잘되어 있습니다. 같은 시기에 같은 건설사가 지었는데, 30년이 지난 지금은 꽤 다른 모습입니다. 조경이 주는 가치도 그렇고, 출입문도 그렇고, 곳곳에 보수한 흔적들도 그렇습니다. 잘 가꾸어진 오래된 아파트와, 세상 풍파가 모두 느껴지는 오래된 아파트의 차이입니다.

신축 후 처음 몇 년은 보이지 않지만 시간이 지날수록 아파트 관리에 대한 격차가 생깁니다. 이 관리의 주체는 누구일까요? 아파트 거주민입니다. 좀 더 좁힌다면 아파트 자치위원회 혹은 주민대표단 혹은 부녀회 같은 곳에서 더 많은 신경을 쓰고 노력을 하는 겁니다. 좀 더 좁히면 동대표, 아파트 대표가 노력을 하는 부분입니다.

같은 관리비를 쓰고 수리를 하는데도 더 영리하게, 더 아껴 가며, 더 품질 좋게 할 수 있는 여지가 있습니다. 아파트 전체 도색 작업인 페인트 공사만 해도 그렇습니다. 이때 많은 아파트가 과거의 브랜드명을 버리고 새로운 브랜드명을 다시 입힙니다. 이런 전략을 하나하나 세우는 데에는 아파트 관리소장의 힘도 있지만 아파트 주민들의 입김이 절대적으로 작용합니다.

아파트 관리에도 정치가 있다

아파트 관리는 컴퓨터가 기계적으로 할 수 있는 부분이 아닙니다. 그래서 저는 이를 '정치'의 영역이라고 생각합니다. 사람을 잘 뽑아야 합니다. 같은 돈을 쓰더라도 더 영리하게, 알차게 쓸 수 있어야 합니다. 기업이 돌아가는 이치와 같다고 생각하면 쉽습니다. '돈은 적게 쓰고 효율과 효과는 높게.' 결국 생산성 높게 운영된 아파트가 30년 후에 가치를 인정받고 살아남는다는 것입니다.

요즘 아파트 중에는 협동조합 방식을 택한 곳이 있는데 위스테이(westay)라고 합니다. 아직 시도된 적이 없는 실험적 방식입니다. 위스테이는 아파트를 운영해서 이익을 나눠 갖는다는 의미보다는 임차인들이 임대아파트의 지분 일부를 가지게 되어, 임차인이면서 임대인의 역할을 하는 다소 독특한 임대방식입니다.

이런 방식이 과연 요즘의 아파트 시장, 즉 임대인이라고 불리는 주인과 임차인으로 불리는 아파트에 거주하는 사람이 따로 있는 시스템, 그래서 아파트 거주의 주체와 관리의 주체가 달라지는 시스템에서 어떤 성공을 거둘지 기대하며 지켜보고 있습니다.

어떻게 보면 위스테이가 제가 말하는 아파트 정치의 결정체가 아닐까 싶습니다. 주민들이 다 같이 모여 모임도 하고 갈등도 조정하며 주인의식을 가지고, 아파트를 마을처럼 운영합니다. 시간이 더 흘렀을 때 어떤 모습이 될지 궁금합니다.

요즘의 아파트는 ○○○호는 주인이 거주해서 적극적이고, ○○○호는 세입자라서 아파트 관리에 소극적이거나 관심이 없는 운영 방식이지 않나요? 위스테이처럼 모두가 주인이라면 아파트를 관리하고 가꾸는 데 어떤 변화들이 있을지 주목됩니다.

옆에서 보는 모습과 실제로 그곳에서 살아가는 사람들의 이야기는 또 다를지 모르지만, 앞으로 거주 문화가 어떤 식으로 바뀌어야 할지, 사람들이 어떤 거주 형태를 바람직하다고 생각할지는 계속되는 실험을 통해 방향을 정하게 되지 않을까 싶습니다. 우리 모두에게 힌트를 줄 거라 생각해 봅니다.

그런 의미에서 부동산 투자에는 아직 기계가 접근할 수 없는 비이성적인 부분도 존재하고, 인간만이 처리할 수 있는 감성적인 부분, 정치적인 부분이 존재합니다. 그런 부분이 고스란히 가치에 반영됩니다.

아파트 호가를 올리고 가격을 담합하는 것도 일종의 정치입니다. 그런데 그것이 집의 가치를 올리는 데 집중하는 게 아니라 단지 가격만 올리는 데 집중한다면 투기입니다.

부동산은 여러모로 흥미로운 대상입니다. 필수재이면서도 욕망의 거울이 되고 헤지의 개념으로 투자 상품이 되기도 합니다. 각자의 위치와 역할에 따라 다양한 욕구가 투영되고 분출됩니다. 이보다 관심 받고 복잡한 것이 또 있을까요? 그래서 이론적인 공부만으로는 해결되지 않는 것이 또한 부동산의 매력입니다. 우리는 거기서 또 투자의 기회를 엿보게 됩니다.

11
건물주의 성공 DNA

그 동안 다양한 인연으로 다양한 건물주들을 만나 왔습니다. 건물주들을 만나면 그들이 살아온 이야기를 가급적 들으려 합니다. 그들의 성공 DNA를 배우고 나에게 이식하기 위해서입니다. 그 중 몇 분을 소개하겠습니다.

출판업을 한 A 사장님

A 사장님은 출판업을 하며 모은 종자돈으로 서울 요지에 건물 2개를 가지고 있습니다. 하나는 5층 건물, 하나는 3층 건물입니다. 사무실에 있는 유선 전화기가 인상적인데 사용한 지 20년은 넘은 것 같습니다. 사무실에는 과거에 출판했던 책들이 책장에 꽂혀 있습니다.

본인의 기준이 확고합니다. 돈을 꽤 아낍니다. 건물을 수리할 때 보면,

지역에서 가장 싼 업체를 찾아서 진행합니다. 인테리어보다 가성비 수리를 추구하는 편입니다. 그러다 보니 화장실 수리를 하면 타일이 다소 삐뚤빼뚤합니다.

하지만 베풀 때는 확실히 베푸는 성격입니다. 명절 때면 항상 임차인들에게 선물을 돌립니다. 이 분에게 크게 배운 것이 있는데, 명절 선물이 한 번도 같은 적이 없다는 겁니다. 갈비, 배, 사과, 포도, 한 번은 대치동 쑥떡, 한 번은 안동 버버리 찰떡 식입니다.

계약서 상에 적혀 있거나 입주 시에 약속했던 조건은 다 지키고 들어줍니다. 그래서 임차인이지만 당당하게 임대인에게 요구할 것은 요구할 수 있습니다. 본인이 실수하거나 잘못 알고 있었을 때는 쿨하게 미안하다고 말합니다. 합리적인 임대인입니다.

포목상을 한 B 사장님

B 사장님은 원단 장사를 했습니다. 지방에서 서울로 올라와 응암동 판잣집 방 2칸에서 생활을 시작했습니다. 누구보다 일찍 출근하고 늦게 퇴근하며 성실하게 일한 결과, 점원에서 시작해서 자신의 가게를 가지게 되었습니다.

한 번은 원단 시장이 다 문을 닫은 시간인데 지방에서 온 손님이 원단을 구하지 못해 발을 동동 구르고 있었다고 합니다. 새벽에 가장 먼저 출근한 자신이 그 손님을 발견하고 원단을 주었고 그 후로 단골이 되었다고 합니다.

원단 파는 방법은 쉬웠다고 합니다. 다른 집보다 조금 싸게 주면 되고 적은 양을 사더라도 친절하게 다 끊어주었다고 합니다. 그렇게 작게 시작해서 성장한 사장들이 사업이 커져서도 계속 본인 가게를 이용했다고 합니다.

이 분은 단독주택에 살면서 건물 2개를 가지고 있습니다. 5층 건물 하나, 4층 건물 하나가 있는데, 단독주택도 허물고 건물을 지어 건물이 총 3개가 되었습니다.

이 분은 엄청 부지런합니다. 누군가 건물 주변 청소를 하고 있어서 보면 건물주 사장님입니다. 건물을 매입할 당시에는 지저분했는데 본인이 몇 개월 쓸고 닦으니까 이제는 건물이 좀 반짝거린다고 흐뭇해합니다.

이 분 건물은 1층에 다 편의점이 있습니다. 편의점을 유치할 정도니 건물 입지는 알짜 중에 알짜입니다. 이 분은 명절에 선물은 일체 돌리지 않습니다. A 사장님보다 훨씬 근검절약이 심합니다. A 사장님은 FM이라서 관리비도 세금계산서를 발행하는데, B 사장님은 관리비 같은 건 실비니까 현금 처리하자며 현금을 달라고 합니다. 뭐든 조금이라도 아낄 수 있는 건 아끼기 위해 노력합니다.

금수저 C 사장님

C 사장님은 태어날 때부터 금수저입니다. 유학이 흔하지 않던 시절에

미국으로 유학을 다녀온 유학파에다 박사입니다. 주변에서 교수님이라고 부릅니다. 교수님은 건물에 사무실을 마련해 두고 거기서 주로 일을 보거나 친구를 만납니다.

교수님뿐만 아니라 가족 모두가 태어날 때부터 부자입니다. 예를 들면 대로변을 중심으로 길 건너 건물은 형님 건물, 그 옆 건물은 동생 건물 식입니다. 선대부터 그 동네 유지였다고 합니다. 조선시대에 그 지역으로 낙향을 했는데, 서울 규모가 커지면서 그 지역도 서울에 편입되었다고 합니다.

C 사장님의 건물은 번화가에 위치해 있습니다. 대형 프랜차이즈가 입주해 있습니다. 대형 프랜차이즈들은 보통 10년 정도 계약합니다. 월세도 셉니다. 1, 2층을 쓰면서 프랜차이즈 업체가 내는 월세가 1,500만 원이 넘습니다.

이 분은 성품이 매우 너그럽습니다. 항상 여유가 있고 먼저 양보합니다. 큰소리 내는 법이 없습니다. 크게 베푸는 것은 아니지만 돈을 써야 할 때는 아끼지 않습니다.

자수성가형 D 사장님

D 사장님은 자수성가형입니다. 시골에서 자랐고 돈 한 푼 없이 고향을 떠났습니다. 고등학교밖에 졸업하지 못하고 배를 탔습니다. 30살에 선장이 되었는데, 당시 동기들 중 가장 먼저였다고 합니다.

배를 타면 특별히 돈 쓸 일이 없으니 그렇게 종자돈을 모아서 집으로 보내면 아내가 부동산 투자를 했습니다. 평생 배를 탈 수도 있었지만 40살이 되어서 선장직을 과감히 포기하고 육지 생활을 시작했습니다.

우여곡절 끝에 중국에 다른 사람들보다 일찍 들어갔습니다. 중국어를 하나도 할 줄 모르는데 맨땅에 헤딩하는 심정으로 중국어를 배우며 일을 했습니다. 중국인들이 자기들 동네에서 나가라고 칼도 들이댔다고 하는데, 다 이겨내고 중국에서 자리 잡았다고 하니 참 대단하다는 생각이 듭니다.

이 분은 건물을 가지고 있다가 재개발 지역에 포함되면서 지금은 아파트를 소유하고 있습니다. 증여를 비교적 빨리 해서 자녀들도 다 아파트 소유자가 되었습니다.

전문직 E 사장님

E 사장님은 건물주이지만 직업은 변호사 사무소의 사무장입니다. 이 분을 잘 모르는 동네 사람들은 사무장으로만 알지만 동네에서 오랫동안 알고 지낸 사람들은 모두 건물주인 걸 압니다.

이 분은 정말 투자를 잘합니다. 아파트가 개발될 것을 알고 아파트 입구에 건물을 올렸습니다. 한 번 성공하고 나자 여윳돈으로 개발 예정인 구역 뒤에 또 알짜 건물을 세웠습니다.

초기 투자금은 10억 원 정도였는데, 지금 그 건물의 가치는 50억 원 정도 합니다. 앞으로 100억 원까지 갈 것으로 예상합니다. 제 눈으로 초기 건물 짓는 것부터 임대까지의 과정을 다 지켜본 입장에서 건물의 가치 상승이 단계별로 어떻게 변하는지 보여 주는 좋은 샘플이 되었습니다.

사실 이 건물 땅은 제게 먼저 오퍼가 왔는데, 당시 제 눈이 똥눈이라 입지의 가치를 제대로 파악하지 못했습니다. 놓친 물건을 따지면 한둘이 아니겠지만 제 손에 쥐어 줬는데도 못 먹은 케이스이니, 그때 제게 땅을 추천한 부동산 중개업소 사장님은 저를 바보라고 생각했을 것입니다.

이 분은 평소에 등산복 입고 자주 등산을 다닙니다. 건물이 2개가 있고 핫한 아파트 2개를 가지고 있습니다. 제가 아는 게 이 정도인데, 아마 더 가지고 있을지도 모르겠습니다. 제가 알고 있는 대표적인 자수성가 건물주 분입니다.

건물주들의 공통점

뭔가 성공 DNA가 느껴지나요? 건물주들은 공통점이 있는데, 일단 돈을 허투로 쓰지 않습니다. 하지만 쓸 때는 정확하게 씁니다. 명품을 사서 오래 쓰는 특징이 있습니다.

차는 대체로 좋은 걸 탑니다. A 사장님은 벤츠 E350 4매틱, B 사장님은 그랜드 체로키, C 사장님은 에쿠스와 아우디 Q6, D 사장님은 아우디 A6 콰토르를 탑니다. 지금이야 벤츠, 아우디가 흔하지만, 10년 전에는 외제차가 그렇게 흔하지 않았습니다. 차는 한 번 사면 10년씩은 탑니다. 시계는 롤렉스를 주로 찹니다. 다들 이제 나이가 있으셔서 운동화를 많이 신고 다닙니다. 참고로 이 분들은 모두 강북 분들이라 강남 부자는 어떤지 잘 모르겠습니다.

금수저인 분도 계시지만, 주로 자수성가하셨습니다. 사업을 해서 종자돈을 만들거나, 직장 생활을 하면서 월급을 아껴 가며 종자돈을 만들었습니다. 그리고 첫 번째 투자에서 성공을 하고, 그 성공이 다시 나른 성공으로 이어지는 선순환 사이클을 만들었습니다.

주변에서 성공한 어르신을 만나면 어떻게 성공하게 되었는지 한 번 물어보세요. '아니 내가 뭐 성공했나?' 이렇게 말씀하시면서, '내가 말이지, 그때는 그랬거든.' 하시며 술술 이야기해 주실 겁니다.

12
누구나 임대인이 될 수 있다

실거주하거나 무주택인 사람들은 임대인이 될 일은 없다고 생각하지만, 우리는 누구나 임대인이 될 수 있습니다. 당장 외국에 있어 한국에 올 수 없는 제 친구도 이제는 임대인입니다. 그것도 무려 강남 임대인. 제 친구처럼 강남에 당장 들어갈 처지가 되지 않아 갭투자한 임대인이 꽤 있습니다.

당신이 임대인이 된다면

실거주하다가 직장 때문에 사는 집을 전세 주고 다른 지역에 전세를 갈 수도 있고, 투자의 목적으로 임대인이 되기도 하고, 다가구주택이나 단독주택을 매입했는데 세입자를 구해야 해서 임대인이 되기도 합니다. 자신은 임대인이 될 리가 없다는 단정적인 마음부터 바꾸어야 임대인이 되었을 때 당황하지 않습니다.

임대인이 된다면 가급적 임차인과 좋은 관계를 유지하는 것이 좋습니다. 집을 세놓은 임대인과 집을 세 얻은 임차인이기 이전에 사람과 사람의 만남을 통해 관계가 형성되었습니다. 저의 임차인도 누군가의 아들이고 누군가의 아빠이며 누군가의 친구입니다. 저와의 관계가 지금 당장 그렇게 설정되었을 뿐 언제 어디서 우리의 관계가 역전될지 모릅니다.

우리 집 세입자 중에 공기업 다니는 분이 있었습니다. 법대 출신으로 사법고시를 준비하다가 안 되어서 취업을 했는데, 이 분이 세를 살다가 사법고시에 합격을 했습니다. 우리 집에서 사법고시 합격자가 나오다니! 그 다음부터 '이 집은 사법고시 합격자를 배출한 명당입니다.'라고 말하니 세가 잘 나갔습니다.

대기업이 임차인인 경우

상가의 경우, 일반적인 임차인은 상관없는데, 대기업 임차인은 요구하는 서류가 상당히 많습니다. 월세 넣는 일자도 본인들 회계 처리 날짜를 맞춰 달라고 하고, 계약서도 본인들 양식에 맞춰서 다시 써 달라고 했습니다. 아무튼 제가 갑이고 그쪽이 을인데, 대기업 쪽 담당자는 상당히 딱딱했습니다.

조금 다른 이야기이긴 한데, 임차인의 입장에서 CBRE나 쿠시먼 같은 외국계 부동산회사들과 계약서를 쓰게 되면, 평소 접하던 1장짜리 계약서와는 차원이 다른 계약서를 접하게 됩니다. 저도 지인의 계약서를 옆에서 구경한 것이지만, 내용이 5장 이상 되었습니다. 세부조건이 엄청 까다롭고 많습니다. 큰 빌딩에 입주하는데 빌딩 임대 용역을 이런 회사들이 하고 있다면, 임차인들은 아마 평소 집을 거래할 때와는 다른 종류의 임대차계약서를 접하게 될 것입니다.

10년 거주한 레전드 임차인

우리 집 레전드 임차인은 우리 집에서 10년을 넘게 살고 재개발로 이주할 때 함께 이주했습니다. 의대생 누나와 작곡하는 동생이 함께 세를 살았는데 우리 집에서 인턴-레지던트를 거치고 개업까지 했습니다. 동생이 나와 연배가 비슷해서 친하게 지냈는데, 지금도 페이스북으로 서로 팔로우하며 안부를 묻고 지내고 있습니다.

살다 보면 월세를 엄청 미루는 임차인들도 있습니다. 월세가 밀려서 만나 보면 사업이 어렵거나, 가족 중 누군가가 아프거나, 실업 상태이거나 등등 사정이 있습니다. 결국 보증금이 다 없어질 때까지 버티다가 나가게 되는데, 그들이 월세를 미납하여 임대인이 손해를 입은 것은 맞지만, 그래도 이해하고 그들이 잘되었으면 하는 바람으로 마무리를 합니다.

임대인이 되어서 초기에는 세입자들과 화를 내며 싸웠습니다. 한두 달 월세가 밀려도 큰 일 난 것처럼 행동했는데, 지금 생각하면 부끄럽습니다. 물론 원룸을 운영하거나 다가구 월세가 생활비인 상황은 임대인을 초조하게 만듭니다. 각자의 사정이 있겠지만, 그래도 임대인보다 임차인이 조금 더 힘든 상황에 놓여 있다는 걸 이해한다면, 조금은 따뜻하게 커뮤니케이션할 수 있지 않을까요?

이제 저는 조금 한계를 느낍니다. 10가구 정도까지는 직업을 가지고 짬짬이 관리하는 데 무리가 없는데, 20가구, 30가구 정도 되면 전업으로 해야 하지 않을까 하는 생각이 듭니다.

그러기 위해서는 부동산 중개업소 사장님들과 관계를 잘 구축해야 합니다. 부동산 중개업소의 능력은 천차만별인데, 임대인에게는 중개만 하고 끝내는 곳보다는 사후 처리까지, 이를테면 집 수리와 관련된 네트워크도 가지고 있는 사장님이 여러모로 도움이 됩니다.

어떤 임대인이 될 것인가?

임대인이 되어서 세를 놓을 때 다시 부동산 중개업소 사장님을 찾아야 하니 집을 매수할 때부터 부동산 중개업소 사장님과 좋은 관계를 맺는 것이 중요합니다. 중개수수료도 무조건 깎는 게 능사가 아닙니다.

인지상정이라 중개수수료를 확실히 챙겨 주는 임대인을 부동산 중개업소에서도 더 챙겨 줍니다. 저는 임대를 놓을 때 부동산 중개업소에 중개수수료를 지불하지 않습니다. 대신 한 곳의 부동산 중개업소에만 물건을 맡깁니다.(저의 이런 방식에 대해 우려를 나타내는 분도 계시니 참고만 하기 바랍니다.)

임대인과 임차인도 '관계'를 맺고, 임대인과 부동산 중개업소도 '관계'를 맺습니다. 사람이 만나서 계약하고, 사람이 살아가는 공간에 대한 일이니, 부동산업은 '관계'라는 큰 틀을 벗어날 수가 없습니다.

어떤 임대인이 될 것인가요? 실거주와 무주택자라 하더라도 언제든 임대인이 될 수 있으니, 부동산에 관심 있는 사람이라면 누구나 한 번쯤 생각해 봐야 할 물음입니다.

13
노블레스 오블리주를 실천하라

아직 부자가 되기 전이라도 부동산 부자가 되었을 때 현실에서 어떻게 행동하면 좋을지, 어떻게 살아가면 좋을지, 어떤 마음가짐이면 좋을지 생각을 정리해 보면 좋겠습니다.

순자산 20억 원이면 부자다

현실적으로 순자산 20억 원이면 우리나라에서 상위 1% 부자입니다. 5,000만 명 인구에 50만 명이니 숫자로 보면 많습니다. 그러니 주변에서 1%에 해당하는 부자가 많이 보입니다. 서울이라면 더욱 그렇고 강남이라면 더더욱 그렇습니다.

자신이 부자인지 부자가 아닌지 아직도 아리송한 분들에게 답정남(답정해 주는 남자) 역할을 하자면, 순자산 20억 원을 가지고 있다면 당신은

'부자'가 맞습니다. 이미 세금을 많이 내는 것만으로도 노블레스 오블리주를 실천하고 있으나, 스스로 부자임을 인식하고 좀 더 노력해 줬으면 합니다. 0.1%의 부자가 되고 싶다고 한다면 할 말은 없지만, 부자인 현실을 인정하고 노블레스 오블리주를 실천했으면 합니다.

부자들이 세금을 더 내고 대한민국을 움직이는 주축인 것은 알 만한 사람은 다 압니다. 부자라고 으스대지 않아도 이미 사람들이 다 압니다. 강남 집값이 20억 원이다 30억 원이다 떠들지 않아도, 당신이 부자인 것을 말하지 않아도 사람들이 다 알고 있으니, 때로는 겸손할 필요가 있습니다. 탐욕스러운 욕심쟁이가 아닌 현명한 부자로 살아가길 바랍니다.

솔직히 순자산 10억 원만 되어도 부자입니다. 이 글을 쓰고 있는 2018년 9월 24일 현재 네이버 부동산을 훑으며 순자산 10억 원으로 살 수 있는 부동산을 한 번 찾아보았습니다.(건물의 상태, 위치, 미래 전망 등 세세한 것을 제외하고 보이는 숫자만으로 정리한 것입니다.)

■10억 원으로 살 수 있는 부동산

케이스 1 – 상가 주택

① 서울 중구 9억 9,000만 원 : 1층 상가에서 월세 135만 원이 나옵니다. 2, 3, 4층 주택 전부를 주인이 쓰고 있으나, 일부 임대를 놓으면 월세를 100∼200만 원 더 받을 수 있습니다. 직접 거주하면서 월세가 300만 원까지 창출될 수 있습니다.

② 서울 성북구 8억 원 : 지하 1층부터 지상 2층까지 세를 주고 있습니다. 월세 150만 원이 나옵니다. 주인은 3층에 거주할 수 있습니다.

③ 서울 성북구 8억 원 : 지하철 2분 거리입니다. 1층 상가와 주택에서 월세 150만 원이

   나오고 2층(방2, 거실)에서 주인이 거주할 수 있습니다.

케이스 2 – 아파트 + 상가

주택에 사는 게 부담되거나 싫어서 아파트에 살고자 하는 사람들도 있으니, 6억 원짜리

아파트에 살면서 상가 4억 원짜리를 가지는 경우를 찾아봤습니다. 상가 월세는 월 150

만 원으로 가정합니다.

① 서대문구 대주아파트 46평 5억 4,000만 원 + 상가 4억 원 월세 150만 원

② 서대문구 홍은벽산아파트 31평 5억 5,000만 원 + 상가 4억 원 월세 150만 원

③ 성북구 코아루센타시아 31평 5억 3,000만 원 + 상가 4억 원 월세 150만 원

④ 성북구 돈암삼성아파트 42평 5억 4,000만 원 + 상가 4억 원 월세 150만 원

케이스 3 – 다가구주택

단독주택, 다가구주택은 매물이 워낙 많기 때문에 월세 150만 원 수준에서 몇 개만 언급

해 보겠습니다.

① 서대문구 대지 40평 8억 원 : 주인이 거주하면서 월세 150만 원 가능

② 은평구 대지 50평 9억 원 : 주인이 거주하면서 월세 200만 원 가능

③ 동대문구 대지 40평 10억 원 : 주인이 거주하면서 월세 150만 원 가능

④ 인천 대지 46평 원룸 건물 9억 5,000만 원 : 주인이 거주하면서 월세 400만 원 가능

⑤ 인천 대지 60평 8억 5,000만 원 : 주인이 거주하면서 월세 200만 원 가능

⑥ 부산 대지 60평 9억 7,000만 원 : 주인이 거주하면서 월세 200만 원 가능

케이스 4 – 아파트 + 아파트/오피스텔 월세

'아파트 + 상가' 케이스처럼 '아파트 + 아파트 월세' 케이스를 찾아보겠습니다. 편의상 거주 아파트는 케이스 2와 동일하게 처리했습니다.

① 서대문구 대주아파트 46평 5억 4,000만 원 + 아파트 은평구 갈현베르빌 4억 원(보증금 1억 원/월세 100만 원)

② 서대문구 홍은벽산아파트 31평 5억 5,000만 원 + 아파트 일산 행신동 2억 2,000만 원(보증금 2,000만 원/월세 50만 원) 2채 구입

③ 성북구 코아루센타시아 31평 5억 3,000만 원 + 오피스텔 마포 효성인텔리안 2억 원(보증금 1,000만 원/월세 70만 원) 2채 구입

④ 성북구 돈암삼성아파트 42평 5억 4,000만 원 + 오피스텔 서대문 디오빌 2억 원(보증금 1,000만 원/월세 70만 원) 2채 구입

위에서 언급한 매물들을 저는 네이버 부동산에서 30분 정도 훑으며 찾아보았습니다. 실제로 매물이 있는지 없는지 연락해 보고 직접 가서 봐야겠지만, 이 정도만 찾아보아도 순자산 10억 원이면 별 어려움 없이 서울이든 지방이든 살아갈 수 있다는 것을 알 수 있습니다. 순자산 20억 원이면 위에서 찾아본 부동산 곱하기 2를 할 수 있습니다. 월세 수익이 3~4배까지 늘어나게 됩니다.

신축 아파트 살 돈이 없다면
공사장 옆 구축에 투자하라

투자 흐름		현재 시세	
매매가격	3억 2,000만 원	6억 5,000만 원	
등기비용, 중개수수료 등	400만 원		
대출금	2억 원		
4년치 대출이자	3,000만 원		
순투자금	1억 5,400만 원	투자 수익	2억 9,600만 원

　주택에서 살다가 재개발이 되면서 이주비를 얻게 되었습니다. 이주비를 가지고 오롯이 다른 아파트 전세를 갔다가 새 아파트에 입주하면 되지만, 저는 이주비도 투자를 했습니다. 이주비는 감정평가 금액의 60%가 나오는데, 대출금 갚고 보증금 주고 하다 보면 돈이 남지 않습니다. 1억 5,000만 원 정도로 아파트를 찾다가 좌절을 하게 됩니다. 아파트 가격은 옛날이나 지금이나 참 높습니다.

　신축 아파트는 도저히 구입할 수가 없었습니다. 대출이 60~70% 되는 시절이었지만 그래도 살 만한 아파트가 잘 보이지 않았습니다. 신축은 포기하고 구축을 보면서 여러 가지 생각을 하게 되었습니다. 어떤 구축이 가격이 오를까?

　결론은 두 가지로 압축되었습니다. 하나는 재건축 아파트입니다. 재건축 이야기가 나오는 순간 가격은 오르게 됩니다. 성산 시영아파트가 여기에 해당됩니다.

다른 하나는 대단지 아파트 신축 현장 옆에 있는 아파트입니다. 경희궁 자이아파트 단지 사이에 끼어 있는 동아아파트, 신촌숲아이파크 현장 옆에 있는 신촌삼익아파트, 마포자이3차 옆에 있는 염리삼성아파트가 여기에 해당됩니다. 이런 아파트는 찾아보면 무수히 많습니다.

그래서 대출을 활용해 이런 아파트를 구입했습니다. 아파트가 한창 공사를 할 때는 먼지나 소음 때문에 공사장 옆 아파트는 인기가 없습니다. 신축 아파트가 완공되고 나서도 구축에 살던 일부 주민들이 신축으로 옮겨 가기 때문에 구축 아파트는 인기가 없습니다. 이런 아파트에 투자하면 안전한 투자가 됩니다. 설사 큰 이익이 없더라도 큰 손해도 없습니다. 신축 아파트가 완공되는 순간 동네 가치는 훌쩍 상승하기 때문입니다. 반사이익을 누리는 셈입니다.

PART 2

공부를 하고
부동산 투자를 하라

- 지식 편 -

누군가는 말합니다. "왜 그렇게 본인 이야기를 많이 해요? 그냥 주변에만 알려 주지. 글 쓰고도 욕먹어요?" 부동산 투자를 처음 할 때는 당연히 몰라서 주변에 알려 줄 게 없었습니다. 어느 정도 경험이 쌓이고 나서도 내 것 챙기기 바빠서 누군가에게 공개적으로 뭔가를 이야기한다는 생각을 하지 못했습니다. 저는 절대 투자 고수가 아닙니다. 누군가가 들으면 다 아는 이야기일 테니 남들이 보면 제 이야기는 아주 우스운 이야기일 수도 있습니다. '저 사람은 왜 저렇게 어렵게 투자를 했지? 그냥 강남에 하나 사 놓았으면 똑같은 결과를 얻었을 텐데….' 이렇게 생각하는 사람도 있을 수 있습니다.

모두 맞는 말입니다. 그럼에도 불구하고 부동산 글을 공개적으로 쓰게 된 이유는 생각이 바뀌었기 때문입니다. 다소 거창하게 들릴 수 있겠으나, 최근 들어 '인생은 유한함'을 깨닫게 되었습니다. 다른 사람의 목표처럼 저도 100억 원을 향해 뛰었습니다. 처음에는 10억 원을, 다음에는 100억 원을, 그 다음에 1,000억 원을 꿈꾸었습니다. 돈이 전부였던 셈입니다.

제 기억 속에 우리 집은 가난하지 않았으나 풍족하지도 않았습니다. 지금 돌이켜 보면 가난했으나, 부모님은 우리가 가난하다는 생각을 하지 않게끔 잘 돌봐주셨던 것 같습니다. 제 기억에 우리 집 재산은 전세보증금 3,000만 원이 전부였습니다. 그때는 그 돈이 큰지 작은지도 몰랐지만, 어른이 되어 생각해 보니 그 돈으로는 고향 부산에서 산꼭대기 아파트도 사기 힘든 돈이었습니다. 그래서 우리는 산꼭대기 아파트에서 전세를 살았습니다.

　지금 이렇게 글을 쓰는 것은, 스스로 제 삶을 돌아보는 것도 있고, 지식과 경험을 다른 사람들에게 나눠 주고 싶은 마음이 있어서입니다. 제가 붇카페에서 도움을 많이 받았으니 나누어 드려야 한다는 생각이 들었습니다. 제 글이 하등 쓸모없는 사람도 있을 테고, 제가 초보였을 때처럼 도움이 되는 사람도 있을 겁니다. 몇 명이 될지 모르나 제 글이 도움이 되는 몇 사람을 위해서 글을 쓰고자 합니다.

01
보지도 않고 산 집

집을 살 때 집을 보지도 않고 산다?

부동산 투자를 하며 '집을 살 때 보지도 않고 산다.'는 말을 처음 들었을 때 황당했습니다. 얼마나 고수라서 집을 보지도 않고 사느냐고 반문하곤 했습니다. 그런데 제게도 그런 경우가 일어났습니다. 저는 일반 분양 노하우는 잘 모릅니다. 이미 어릴 때부터 유주택자였고 청약과는 거리가 먼 삶을 살았기 때문입니다.

자연스럽게 제게는 재개발, 재건축 같은 투자가 신축 아파트를 살 수 있는 대안이 되었고 관심의 대상이었습니다. 재개발 지역에 투자하기 위해 그 지역을 공부하고 매물을 알아보러 다니는 것이 제게는 가장 중요한 투자가 되었습니다.

새롭게 발견하게 된 재개발 지역의 물건은, 매매가 1억 5,000만 원 정도인 방 2칸짜리 다세대(빌라)였습니다. 대지 지분 4~5평, 건평 10평대의 집이었습니다. 그런데 세입자가 바쁘다며 집을 보여 주지 않았습니다. 집에 있는 시간대도 들쭉날쭉했습니다. 훗날 알아보니 집이 지저분해서 그랬다는데, 아무튼 저는 이 집의 외관만 보고 매수를 할지 말지 결정해야 했습니다.

재개발에 투자할 때는 첫째도 안전 둘째도 안전

부동산 투자를 할 때 가장 중요한 것은 '안전한 투자'입니다. 주식을 투자할 때도 마찬가지입니다. 저는 잃지 않는 투자에 주력합니다. 올해 주식 시장의 주가지수가 많이 내려갔습니다. 그래도 저는 주식 시장에서 작년에는 10% 정도 수준의, 올해에는 20% 정도 수준의 수익을 얻고 있습니다. 주식에는 부동산만큼 큰돈을 투자하지는 않습니다. 주식은 세상 돌아가는 것을 알기 위해, 경기를 알기 위해 시작했습니다.

대학생 때 주식 투자로 등록금을 잃어서 학교를 못 다닐 뻔한 적도 있었는데, 그러면서 느낀 것은 '주식은 나의 투자처가 아니다.'라는 생각이었습니다. 부동산은 한 번 사면 어쨌든 몇 년은 가지고 있어야 하는데, 주식은 조금만 올라도 팔게 되는 제 모습을 발견하게 된 것입니다. 진득하니 기다리지 못했습니다. 참을성이 부족한 사람이라면 주식보다 부동산이 오히려 좋은 투자처가 될 수 있습니다.

주식도 공부 없이 투자할 수는 없어 2007년경에 증권투자상담사 자격을 땄습니다. 그때 공부했던 기초지식으로 지금도 주식을 하고 있으나,

주식 투자는 부동산보다는 훨씬 부족한 지식과 경험으로 운용하고 있습니다.

안전한 투자가 저의 모토입니다. 그렇다면 재개발에서 안전한 투자는 무엇일까요? 재개발 투자의 시점에 따라 달라집니다. 재개발은 여러 단계를 거치는데 투자한 시점이 언제인가에 따라 안전성도 달라집니다. 추진위원회 단계나 조합 설립 단계 정도라면 분양까지 못하고 지역이 취소될 수도 있습니다. 사업시행 인가를 받고도 주저앉는 조합도 있습니다. 그러니 재개발 투자는 관리처분이 나기 전까지는 하루하루 리스크를 안고 투자를 하는 것이라 생각해야 합니다.

실수요자에게 재개발을 언급한 이유

실수요자들에게 왜 재개발, 재건축을 소개할까요? 주변에 있는 부동산을 투자나 투기의 대상이 아닌 실거주의 목적으로 접근하는 보통의 사람들과 대화를 해 보면, 일반 분양을 받기가 참 힘들다고 합니다. 일반 분양 정도는 받아야 본전치기(?)를 하는 것 같은데, 일반 분양을 받은 사람의 아파트에 프리미엄을 얹어 줘야 신축 아파트에서 살 수 있는 세상이 아니러니합니다. 결국 사정이 있어서 일반 분양 집을 파는 사람도 있지만, 결국 프리미엄 장사하려고, 결국 투기하려고 일반 분양을 받는 사람도 있다는 말입니다.

저는 신축에 살고 싶지만 아파트 분양 당첨이 어려운 조건의 사람들에게 재개발, 재건축을 추천합니다. 재개발되려면 적어도 10년은 걸리지만, 자기 세대보다 자녀 세대에 좋은 집에서 살게 한다는 생각으로 투자하면 적은 돈으로 신축 아파트 입주권을 얻을 수 있기 때문입니다. 요즘은 이마저도 녹록지 않습니다. 재개발 조합원 분양권도 프리미엄이 많이 붙어서 거래되기 때문입니다.

하지만 영영 기회가 없는 것은 아닙니다. 잘 찾아보면 아직은 시작 단계이거나 시작도 하지 않은 지역들이 있습니다. 그런 지역을 잘 골라서 투자해 놓으면 10~20년 후에 신축아파트에 들어갈 수가 있습니다. 프리미엄 없이 온전하게 자기가 투자한 돈만큼, 그에 합당한 아파트를 만들 수 있는 것입니다. 그런 의미에서 저는 실수요자들에게 재개발 투자를 권합니다.

재개발 투자는 분명 리스크가 존재하지만, 어찌 보면 합리적인 투자처가 될 수 있습니다. 재개발의 취지도 낙후된 지역을 발전시키기 위한 것이고, 개발을 위해서는 필요한 돈을 일반 분양분으로 충당할 수 있는, 원주민과 일반 분양자 모두에게 좋은 윈-윈 사업구조이기 때문입니다.

무엇이 안전한 투자일까?

재개발 투자를 할 때도 안전한 투자를 지향해야 합니다. 무엇이 안전한 투자일까요? 본전을 찾을 수 있으면 안전한 투자 아닐까요? 그래서 두 가지 방식을 생각하게 됩니다. 하나는 월세 베이스 투자입니다. 월세가 안정적으로 들어올 수 있는 집, 즉 월세 곱하기 30년을 했을 때 집값이 해결되는 집에 투자를 하는 것입니다. 만약에 재개발이 취소되어도 월세가 어느 정도 들어온다면, 그 집은 향후 팔 때도 큰 손해 없이 팔아 원금을 보전할 수 있습니다.

다른 한 가지는 대지가 넓은 집, 즉 단독주택이나 다가구주택에 투자를 하는 것입니다. 재개발이 되면 단독주택이나 다가구주택은 인기가 떨어집니다. 재개발 투자는 결국 분양받은 집에서 이익을 취하게 되는데, 덩치가 큰 단독주택이든 덩치가 작은 빌라든 1명의 조합원에게 주택 분양권 1개의 권리가 주어지기 때문에, 상대적으로 평수가 적은 빌라의 '평단가'가 훨씬 크게 계산되어 거래됩니다. 이 부분은 이렇게 짧게 말해서는 재개발 투자 초보자에게는 설명이 잘 안 될 수도 있으니, 나중에 다시 자세히 다루겠습니다.

대지가 넓은 집은 향후 재개발이 취소되더라도 신축으로 건물을 올릴 수 있습니다. 물론 이때도 단독주택이나 다가구주택이 고평가되었는지 저평가되었는지는 확인이 필요합니다.

건물 외관만 보고 투자를 판단한 기준들

저는 소형 다세대(빌라)에 투자하기로 한 후 외관만 보고 매매를 결정했습니다. 1억 5,000만 원 매매가에 대출(신용대출 포함)을 1억 원 받았으니 투자금이 5,000만 원이고, 월세가 40만 원 나옵니다. 월 40만 원이면 대출 이자를 내고도 조금 남습니다.

월세 40만 원이면 연 500만 원 정도 되고, 연 500만 원 곱하기 30년이면 1억 5,000만 원이니, 제가 추구하는 안전한 투자에 맞아 떨어지는 집입니다. 집 내부를 보지도 않고 투자하는 것이 걱정되었지만, 어차피 재개발되면 허물어야 할 집이고, 현재 세입자가 1~2년 살았다는 것을 보면, 그렇게 문제가 있는 집은 아니라고 판단했습니다.

이 집은 운이 좋게도 구입을 한 후 사업이 척척 진행되었고, 현재(2018년 10월 14일 기준) 프리미엄이 2억 원 정도 붙었습니다. 저는 1억 5,000만 원에 샀는데, 비슷한 조건의 빌라가 현재는 3억 5,000만 원에 팔린다는 의미입니다.

애초에 재개발이 되어도 좋고 안 되어도 본전은 찾겠다는 심정으로 투자를 했기 때문에 재개발이 되지 않아도 마음의 안정을 찾을 수 있고, 재개발이 되면 그 나름대로 또 기쁨을 얻을 수 있는 집입니다.

부동산 투자도 운이 중요하다

모든 것은 실력이 좋아야 하지만 운도 중요합니다. 세상의 모든 것을 스스로 좌지우지할 수는 없기 때문입니다. 아무리 노력해도 안 되는 일이 있습니다. 반면에 살다 보면 소 뒷걸음에 쥐 잡는 경우도 있습니다.

그래도 우리가 알고 준비하고 노력하면 운의 영향을 받을 확률을 높일 수 있습니다. 그렇기에 저 또한 투자에 성공할 수 있었습니다.

단순하지만 진리인 어머니의 부동산 투자 철학

어머니와 대화를 하다가 "엄마는 부동산에서 잃은 적이 없는 것 같은데 어떤 식으로 투자를 했어요?"라고 물어 보았습니다. 어머니는 120만원에 샀던 아파트를 500만 원에 팔았고, 2,000만 원에 산 아파트는 6,500만 원에 팔았습니다. 아파트를 팔고 싶어서 판 게 아니라 아버지의 사업 실패로 중간에 고금리 대출(당시 아파트 대출은 15% 수준의 이율)을 받게 되었고, 이자를 감당하지 못해 결국 살던 아파트를 팔고 산꼭대기 아파트에 전세로 들어가게 된 것이었습니다.

당시에 어머니가 아파트를 팔 때 그 집을 초등학교 친구집에서 샀습니다. 우리 집은 방 2칸이고, 그 친구집은 이미 방 3칸짜리였는데 추가로 집을 구입한 것이었습니다. 어쩌면 그때의 굴욕이 제 머릿속에 깊이 자리 잡아 운명적으로 부동산 투자에 목숨 걸게 됐는지도 모르겠습니다.

그 후 어머니는 다시 9,000만 원에 아파트를 샀고(현재 2억 5,000만 원), 또 한 번 1억 4,000만 원에 아파트를 샀는데 현재 5억 원이 넘었습니다. 어머니는 이 아파트에서 쭉 살고 있습니다.

어머니는 모두 미분양 아파트를 골라 구입했습니다. 미분양 아파트라고 무조건 쪽박이 아니라 스스로 판단해서 잘 찾아보면 좋은 곳들도 있습니다.

어머니의 투자 히스토리를 보니 실패가 없었습니다. 어떻게 투자하기에 투자마다 성공을 했을까 궁금했습니다. 존경의 눈빛을 보내며 투자 성공 요인을 물으니 어머니가 몇 가지 말씀을 해 주셨습니다.

"나는 투자하려고 한 게 아니고 내 사정에 맞춰서 집을 산 거지."

"내가 살기 좋은 집은 남도 살기 좋은 집이야."

"나는 지금 살고 있는 집이 제일 좋아."

종종 투자를 할 때 어머니를 모시고 갑니다. 어머니가 "이 동네 살기 좋네."라고 말하면 그 투자는 성공입니다. 어머니가 아무 말도 없으면 그 투자는 그냥 중박 정도 됩니다.

그렇습니다. 부동산 투자의 성공 공식은 간단합니다. '집을 살(buy) 때는 내가 정말 살고(live) 싶은 집을 산다.' 그 동네를 둘러보고 앞으로의 상황도 예측해 본 다음, 10년이고 20년이고 살고 싶은 집이면 그 집은 반드시 시간이 흐르면 집값이 올라갑니다. '어디에 투자할까?'로 고민하는데, 내가 살고 싶은 집에 투자하면 틀림없이 성공합니다.

어머니가 '살기 좋다.'라고 평가한 집은 두고두고 효자노릇을 했습니다. 오를 때 더 많이 올랐고 내릴 때는 덜 내렸습니다. 그런 집이 어디에 있을까요? 서울로 치면 강남이겠지만, 강남이 아니더라도 분명히 곳곳에 그런 입지는 있습니다.

재개발, 재건축 투자는
타이밍이다

투자 흐름		현재 시세	
매매가격	1억 5,000만 원	4억 원	
등기비용, 중개수수료 등	300만 원		
대출금	1억 원		
보증금	1,000만 원		
현재 투자금	4,300만 원	투자 수익	2억 4,700만 원

　의도하지 않게 재개발 투자를 처음부터 끝까지 경험하게 된 후 지도를 보면 어디가 재개발될지, 어느 구역의 재개발이 제대로 되고 있는지, 어느 구역의 재개발이 주춤한 상태인지 궁금해졌습니다.

　대장 아파트의 시세가 높듯이 재개발도 대장 구역은 시세가 높습니다. 프리미엄이 많이 붙어 있다는 뜻입니다. 재개발, 재건축을 투자할 때 이미 알려진 구역에 투자하거나 개발 단계가 거의 끝날 무렵에 투자를 하면 큰 이익을 얻지 못합니다. 그저 기축 아파트를 사서 수익을 보는 것이나 별반 다를 게 없습니다. 차이가 있다면 새 아파트에 들어가서 살 수 있다는 정도입니다.

　재개발, 재건축 투자를 할 때는 타이밍이 중요합니다. 재개발은 통상 정비구역이 지정될 때, 추진위원회가 만들어질 때, 조합이 설립될 때, 사업시행인가가 떨어질 때, 시공사가 선정될 때, 조합원 분양을 할 때, 관리 처분을 할 때, 일반 분양을 할 때, 입주를 할 때 등 몇 번의 상승기를 맞이합니다. 구역이 뉴스에서 나오면 주목받으며 상승하다가 얼마 지나지 않아 지루한 정체기를 겪다가 또 상승하기를 반복합니다.

재개발 투자는 가급적 빨리 들어가는 것이 투자금은 적고 시세 차익이 큽니다. 그러나 빨리 들어가는 만큼 사업이 엎어질 가능성도 높고 투자금이 묶일 가능성도 높습니다. 그러니 재개발은 투자 타이밍을 잡는 것과 더불어 지역의 민심을 살피는 것이 매우 중요합니다. 재개발 사업은 대다수의 지역 주민이 찬성을 해야 진행되므로 지역의 부동산 중개업소와 조합 사무실 등을 부지런히 돌아다니며 그 지역 민심을 읽어야 합니다.

사업은 가만히 있으면 진행되지 않으므로 본인이 조합원으로서 할 수 있는 활동을 최대한 열심히 해야 합니다. 조합원 모두가 노력해야 사업이 정상적으로 진행됩니다. 표에서 보여 주는 투자 사례도 운이 좋아 투자 1년 만에 2억 4,700만 원의 프리미엄이 붙었습니다.

02
부동산 공부하는 법

부동산 입문기 때 나의 모습

저는 애초에 부동산을 '투자' 목적으로 산 것이 아니라, 아버지의 전 재산을 지켜야겠다는 신념과 사명으로 집을 사게 되었습니다. 집을 샀는데 너무 낡아서(30년 넘은 집) 리모델링을 해야 했고, 리모델링을 하는 김에 증축을 해서 세입자 전세금으로 건축비를 충당했습니다.

이렇게 리모델링이 끝나고 이제 내 집에서 사는구나 싶었는데, 집을 수선할 때부터 옆집 사람들이 어수선한 이야기를 했습니다. '여기 ○○ 대학이 부지를 사들인다는데 왜 집을 고치냐?', '여기 재개발될 건데 돈 아깝게 뭐하는 거냐?' 등등. 부동산 투자에 이제 겨우 걸음마를 뗐는데 옆에서 계속 생소한 말을 하니 마음이 불안했습니다.

'재개발되면 이 집이 헐값에 넘어가는 건가?', '우리 집 재산이 줄어드는 건가?', '나는 어떻게 해야 하나?', '아버지께 집 잘못 샀다고 혼나는 건가?' 등 별 생각을 다하게 되었습니다. 그래서 재개발, 재건축을 다룬 책을 구입했습니다. 처음에 봤던 책이 전연규, 김종보 저의 『새로운 재개발, 재건축 이야기』입니다. 그 책을 시작으로 다른 재개발 책, 트럼프의 『거래의 기술』, 디벨로퍼 이야기 등 다양한 부동산 책을 접하게 되었고 부동산 투자의 메커니즘을 조금씩 이해하게 되었습니다. 그러다가 2008년에 붇카페에 가입을 했습니다.

부동산 스터디 카페와의 만남

처음에 붇카페 글을 읽을 때는 몰랐던 지식, 정보 등이 넘쳐나서 신세계를 경험했습니다. 카페에서 제가 할 수 있는 일은 별로 없었기 때문에 글동냥만 줄곧 했습니다. 그때는 저를 드러내는 것이 조심스러워 댓글도 잘 달지 못했습니다. 뭐든 조심스러운 시절이었습니다.

그렇게 지식을 쌓고 실제로 투자를 하면서 많은 것을 얻게 되었습니다. 집도 매입하고, 건축도 하고, 팔기도 하고, 사기도 당하고, 팔라는 오퍼도 받아 보고, 절대 팔릴 것 같지 않던 물건이 갑자기 쑥쑥 나가고, 왜 나갔나 알아보니 제가 정보에서 한 발 늦었던 거였고…, 그러면서 몸으로 부동산을 배우게 되었습니다.

여전히 저는 부동산을 잘 모릅니다. 그런데 스스로에게 궁금증이 생겼습니다. '나는 왜 항상 부동산을 잘 모른다고 생각할까?', '웬만큼 경험을 했는데도 왜 확신을 가지지 못하고 투자를 할까?', '왜 예측을 잘하지 못

할까?', '그렇다면 그동안의 부동산 성공은 어떤 요인에 의한 것일까?',
'단지 사 놓고 오를 때까지 무작정 기다렸던, 오로지 인내만이 투자 전략
이었을까?' 이렇게 여러 질문을 스스로에게 던지며 고민을 하다 보니 몇
가지 결론이 나왔습니다.

부동산 투자를 위해 해야 할 공부와 마음가짐

부동산 투자를 성공적으로 하기 위해서는 다음 두 가지가 필요합니다.

첫째, 거시 경제를 알아야 합니다. 저는 세계 경제, 한국 경제의 큰 흐
름을 너무 몰랐습니다. 그래서 금융 쪽에서 일하는 친구에게 하소연을
하고 자문을 구했습니다. 그랬더니 친구가 페이스북에서 이코노미스트
오건영 님을 팔로우하라고 알려 줬습니다. 그를 팔로우하면서 신세계를
만났습니다. 그동안 몰랐던 미국 중심의 세계 시장을 매일같이 만날 수
있게 된 것입니다. 처음에는 내용을 절반도 이해하지 못했습니다. 그러나
꾸준히 읽으며 모르는 말은 찾아봤습니다. 그렇게 1~2년 꾸준히 읽으니
내용이 이해되기 시작했습니다.

둘째, 자신을 좀 더 객관적으로 봐야 합니다. 세상에는 부동산으로 성
공한 사람, 강사가 많은데, 저는 그들에게 신경 쓰지 않았습니다. 어차피
저는 실전으로 성공했고 '그들이 큰 그림은 말해도 우리 지역은 잘 모르
잖아. 나는 어차피 여기서 계속 살 거고 우리 동네는 내가 더 잘 알지.'와
같은 안일한 생각을 했던 겁니다.

아무리 몸으로 부딪쳐 투자에 성공했고 스스로 지식이 쌓였더라도 전문가들은 어떤 이야기를 하는지 알아야겠다는 생각이 들었습니다. 어떤 식으로 부동산을 바라보는지 배우고 싶었습니다. 사회생활 연차가 쌓이다 보니 세상에 쟁쟁한 사람이 많고 그들로부터 배워야 한다는 것을 몸으로 느꼈기 때문입니다.

그래서 2017년에 있었던 「어벤져스쿨 부동산 컨퍼런스」에 갔습니다. 이틀에 걸쳐서 이화여대 대강당에서 하루 종일 강연이 있었습니다. 그곳에서 정말 많은 것을 배웠습니다. 특히 홍춘욱 박사님의 존재를 알게 된 것은 큰 행운이었습니다. 저는 그분의 블로그, 페이스북을 매일같이 봅니다. 최근에는 유튜브 강의도 진출했는데 그것도 꾸준히 들으려고 노력합니다.

빠숑, 구피생이, 채상욱, 유나바머 등 다양한 블로그와 페이스북에 올라온 글을 빠짐없이 읽으려고 노력합니다.

정보가 다양하다고 해서 꼭 투자를 잘하는 것은 아니지만, 적어도 나에게 필요한 정보들은 분명 도움이 됩니다. 들어봐야 나에게 필요한지 그렇지 않은지 구분이 가지, 그냥 가만히 있으면 이런 정보가 있었는지, 이런 체크포인트가 있었는지를 알지 못하기 때문입니다. 그러니 고수들의 다양한 의견을 폭넓게 들어보길 권합니다.

자신을 항상 점검하라

다른 사람들도 마찬가지일 수 있으나, 저도 매도보다 매수를 많이 했습니다. 전세금만으로도 재투자가 가능한 사이클이 나오게 되었고, 어느 정도 집의 개수가 증가하자 더 투자를 할 것인가 하는 고민에 빠지기도 했습니다.

저는 몸으로, 경험으로, 집을 지키겠다는 사명으로 부동산 공부를 하게 되었습니다. 부동산 투자를 해야겠다 마음먹고 하게 된 부동산 투자가 아니라 우리 집 전 재산을 지키겠다는 마음으로 시작한 부동산 투자가 여기까지 오게 되었습니다. 제게 집을 사라는 미션이 아니라 일을 하라고 했다면 아마 그 일을 위해 열중하지 않았을까 생각합니다.

제게 "부동산 공부를 어떻게 해야 하는 게 좋을까요?"라고 묻는다면 다음과 같이 대답합니다.

1. 세계 경제, 한국 경제의 큰 흐름을 공부할 것 : 뉴스, 신문, SNS만으로도 충분함

2. 빠숑, 구피생이, 박원갑, 홍춘욱 등 전문가의 글을 탐독할 것

3. 스스로 가장 잘 아는 지역을 만들어 볼 것

4. 직접 투자해 볼 것

여기에 한 가지 조언을 더하자면, '네이버 부동산을 볼 것'입니다.

한동안 제 취미는 네이버 부동산 보기였습니다. 그래서 마포, 서대문, 은평 쪽은 웬만한 지도가 머릿속에 있습니다. 어느 지역에 어떤 아파트

가 있는지, 어떤 큰 건물이 있는지 등을 대부분 알고 있습니다. 취미로 네이버 부동산을 보다 보면, 어떤 물건이 최근 물건이고 어떤 물건이 1년이 넘도록 팔리지 않는지가 눈에 들어오며, 어떤 물건이 허위 매물인지도 알 수 있습니다.

이 정도 눈이 생기고 난 후에 실전에 돌입해도 늦지 않습니다. 저는 부동산을 살 때 절대 하루 이틀 고민하지 않습니다. 사고자 하는 물건이 생기면 적어도 반 년 정도 그 지역을 고민합니다. 그리고 물건을 삽니다. 만약에 고민하는 동안 그 물건이 팔렸으면 그 물건은 제 물건이 아닌 것입니다. 부동산만큼 살 물건이 풍부한 시장도 없습니다. 물건은 많은데 돈이 없을 뿐입니다. 그러니 공부하고 긴 시간을 가지고 여유롭게 사길 당부합니다.

03
오피스텔도 오른다

아파텔이라 불리는 주거형 오피스텔

오피스텔 투자 이야기를 한 번 해보겠습니다. 여기서 말하는 오피스텔은 주거형 오피스텔입니다. 전입신고가 가능하고 주상복합처럼 생활할 수 있습니다. 그런데 왜 오피스텔일까요?

집을 보는 눈이 달라지면서 아파트, 주택, 상가 할 것 없이 모든 부동산에 대해 가치를 따져 보았습니다. 그러던 차에 지도를 보는데 오피스텔 하나가 눈에 들어왔습니다. 재미있는 오피스텔이었습니다. 왜 재미있는 오피스텔인지 하나씩 설명해 보겠습니다.

전용률이 높다

대부분의 오피스텔은 전용률이 50% 수준입니다. 오피스텔은 관리비가 비싸다고 하는데, 그 이유는 전용률 때문입니다. 아파트 32평의 전용면적은 통상 25평입니다. 우리가 흔히 말하는 국민주택 기준 평수(85m²)입니다. 전용 25평/분양 32평을 하면 전용률(78%)이 나옵니다. 아파트는 대부분 전용률 75~80% 수준이라고 보면 됩니다.

그런데 이 오피스텔은 전용률이 70%였습니다. 거의 아파트 수준입니다. 그래서 다시 한 번 주변 오피스텔의 전용률을 확인해 보았습니다. 50% 수준이 대부분이었습니다. 30~40%대의 오피스텔도 많습니다. 관리비 먹는 하마 오피스텔들입니다.

오피스텔을 매입하거나 거주할 때 애로사항 중 하나는 취등록세가 높다는 것과 관리비가 높다는 것입니다. 관리비가 높은 이유는 전용률 때문입니다. 아파트 32평 정도 넓이의 오피스텔을 찾으려면 오피스텔 50평 정도에 살아야 비슷한 전용면적이 나옵니다. 그러니 관리비가 높을 수밖에 없습니다.

제가 찾은 오피스텔은 전용률이 높은 관계로 관리비가 아파트와 비슷했습니다. 정확히 말하면 조금 비싼 수준이었습니다. 신기하다고 생각하며 공부하기 시작했습니다.

대지지분이 높다

이 오피스텔의 용적률을 보니까 250% 수준이었습니다. 대로변에 있는 오피스텔인데 상업 지역이나 준주거 지역이 아니고 3종으로 되어 있었습니다. 이렇다 보니 각 호수별로 할당된 대지가 상당히 컸습니다. 단순히 생각해도 큰 대로를 끼고 있고 바로 앞에 버스 정류장이 있어서 평당 3,000만 원은 나갈 것 같았습니다. 오피스텔 건물값을 제외하고 땅값으로만 환산해도 본전은 나올 것 같은 오피스텔이었습니다. 이 오피스텔에 더욱 흥미가 생겼습니다.

공간에 대한 상대 가치가 싸다

방 2개, 거실 1개가 있는 오피스텔이었습니다. 그래서 주변에 있는 방 2개, 거실 1개 아파트와 비교해 보았습니다. 이 오피스텔과 저 아파트는 서로 장단점이 있기 때문에 직접적인 비교는 불가능합니다. 제 판단이 맞다면 이 오피스텔은 저평가된 것이었습니다. 사람들이 지나치게 오피스텔을 기피하는 현상 때문에 일어난 저평가가 한몫을 했다고 판단했습니다.

전세가율이 높다

이 오피스텔의 전세가율은 90~95% 수준이었습니다. 예를 들어 1억 원에 매입한다면 9,000~9,500만 원에 전세를 놓을 수 있다는 뜻입니다. 소위 말하는 갭투자, 요즘 말로 레버리지 투자를 하면, 자기 돈 1,000~2,000만 원으로 투자가 가능한 것입니다. 1~2년 후에 전세보증금을 높여 받으면 투자금은 회수됩니다. 그 후부터는 그냥 집값이 오르기를 기다리면 됩니다.

만약에 오르지 않는다면?

하지만 예상과 달리 부동산 가격이 오르지 않을 수도 있으니까 분석을 철저히 해야 합니다. 이 오피스텔의 위치는 최소 일정 수준 이상으로 전세를 받을 수 있는 위치였습니다. 향후 주변의 발전 가능성에 대해서도 예상해 보았습니다.

이 오피스텔의 주변에는 아파트(10대 건설 브랜드 단지)가 공사 중이었고, 오피스텔 옆에는 재개발 조합이 형성되어 진행 중이었습니다. 공사 중인 아파트가 완공되고 옆의 재개발도 진행이 완료되면 주거타운이 완성되는 곳이었습니다. 주거타운이 완성되면 이 오피스텔의 가격은 최소 50% 정도 상승할 것이라고 예상되었습니다.

그래도 가격이 오르지 않는다면 집이 허물어질 때까지 10년이고 20년이고 가지고 있으면 되겠다 싶었습니다. 만약 이 땅에 오피스텔이 아닌, 아파트를 재건축하게 된다면 그 순간 집의 가치는 훨씬 높아지기 때문입니다. 대지지분이 크기 때문에 가능한 상상이었습니다.

현재 상황은?

이 오피스텔에 투자한 지 3년이 넘자 앞서 말한 것처럼 전세를 한 바퀴 돌리고 보증금을 올려 받은 것으로 투자비는 회수되었습니다. 매매가격도 처음 샀을 때보다 10~20% 정도 올랐습니다. 지금부터는 기다리는 일만 남았습니다.

이 이야기를 한 이유는, 오피스텔도 가격이 오른다는 것입니다. 그리고 오피스텔도 잘 찾아보면 실거주하기에 꽤 괜찮은 집이 있다는 것입니다. 오피스텔이 아파트보다 가격 상승이 더딘 것은 사실입니다. 오피스텔은 월세 베이스(월세 곱하기 30년 해서 매매가 나오면 보수적으로 매매 접근 가능)로 접근하는 게 통상적으로 정신건강에 이롭습니다.

제가 알고 있는 마포의 고려아카데미텔 오피스텔은 10년 동안 값이 2배 뛰었습니다. 5,000만 원 하던 것이 지금 1억 원이 넘었습니다. 오피스텔은 가격 상승폭은 더딘 편이지만, 만약에 전세를 놓았다면 이미 투자금은 다 회수된 상태일 것이므로 투자자에게 불이익은 없습니다.

가격 상승에 대한 욕심은 없되 깨끗한 곳에서 살고 싶다면 전용률 높은 주거형 오피스텔도 괜찮습니다. 꼭 매매가 아니더라도 전세로 살다가 청약을 넣든, 재개발 조합원이 되어 신축에 입주하든 방법은 여러 가지가 가능하니, 무조건 오피스텔은 매입하거나 전세 사는 것이 아니다라는 편견에서는 벗어날 필요가 있습니다.

전용률이 높은 주거형 오피스텔은
흙 속의 진주다

투자 흐름		현재 시세	
매매가격	1억 8,000만 원		
등기비용, 중개수수료 등	1,000만 원		
보증금	1억 7,000만 원	2억 3,000만 원	
최초 투자금	2,000만 원		
보증금 증액	2,000만 원		
현재 투자금	0	투자 수익	3,000만 원

　부동산 투자를 할 때 오피스텔은 무조건 피하고 보자는 사람들이 있는데, 오피스텔도 가격이 오릅니다. 오피스텔 기피 현상으로 오피스텔이 지나치게 저평가되는 경향이 있습니다.

　오피스텔을 기피하는 이유는 첫째, 취등록세가 높기 때문입니다. 둘째, 자녀가 있을 경우 놀이터, 산책로 등 여유 공간이 부족합니다. 셋째, 낮은 전용률로 인해 관리비가 많이 나옵니다. 이는 오피스텔의 전용률이 아파트와 비슷하다면 관리비도 비슷하다는 결론에 도달합니다. 따라서 전용률이 높은 주거형 오피스텔은 아파트와 비슷한 구조에서 비슷한 관리비를 내고 생활한다고 생각하면 됩니다.

　저는 주거형 오피스텔의 가격이 지나치게 저평가되어 있다고 판단해서 몇 가지 기준을 잡고 주거형 오피스텔을 찾기 시작했습니다. 5년 이내에 지은 신축이면서 전용률은 70% 이상이고 주차장이 충분해서 편하게 주차할 수 있는 오피스텔을 찾기 위해 무작정 돌아다녔습니다. 마침내 제 기준에 딱 맞는 오피스텔을 찾게 되었고 구입했습니다.

요즘은 오피스텔의 옥석을 가리는 부동산 투자자들이 늘고 있습니다. 괜찮은 오피스텔을 구입할 경우, 실거주로도 좋고 월세를 받기도 좋습니다. 이 오피스텔의 경우, 보증금 3,000만 원에 월세 80만 원이 시세로 월세 수익률이 5% 수준입니다. 대출금을 레버리지로 활용하면 수익률은 7% 수준으로 증가합니다. 시세차익은 덤으로 누릴 수 있습니다. 단, 아파트보다는 확실히 주거형 오피스텔이 덜 오릅니다.

04
절대가격과 상대가격

부동산 투자를 할 때는
우선 절대가격을 생각한다

부동산 투자의 최대 쟁점은 '가격'입니다. 싸냐 비싸냐. 지금 사도 될 가격이냐 조금 기다려야 할 가격이냐, 오를 것이냐 내릴 것이냐. 이 가격이 가장 머리를 아프게 합니다.

우리는 집을 볼 때 절대가격을 봅니다. 자기가 투자할 수 있는 돈의 범위입니다. 예산이 5억 원이라면 5억 원 전후의 아파트를 찾습니다. 순자산이 5억 원이라면 대출까지 포함해서 7억 원 선까지 아파트를 훑어봅니다. 자기가 지불 가능한 가격이 절대가격입니다.

2018년 9월 13일 현재 네이버 부동산 호가를 기준으로 살펴보면, 서대문구 북아현동 두산아파트 25평이 5억 5,000만 원, 서대문구 천연동 뜨란채아파트 24평이 5억 6,000만 원, 홍제동 한양아파트 23평이 5억 원에 거래 완료되었습니다. 홍은동 벽산아파트 24평 1층은 현재 3억 6,000만 원입니다. 모두 전용 18평 아파트입니다.

호가 내지 거래 완료 금액을 예시로 들었지만, 아파트는 같은 단지여도 층, 향, 동 배치에 따라 가격이 달라집니다. 북아현두산은 현재 호가가 6억 5,000만 원까지 나와 있습니다. 북아현두산에는 남향이 있고, 동향이 있습니다. 앞이 트인 동이 있고, 막힌 동이 있습니다. 겨울에 해가 잘 들어오는 동과 층이 있고, 그늘지는 동과 층이 있습니다. 그래서 집을 사기 전에는 일조권에 대해 시뮬레이션해 보는 것이 좋고, 오전과 오후로 나누어 두 번 정도는 사고자 하는 층 기준으로 해를 살펴봐야 합니다.

절대가격은 비슷하지만 이 가격들이 가지고 있는 가치는 다릅니다. 북아현두산은 이대역과 아현역을 이용하는데, 내려갈 때는 걸어가지만 올라올 때는 마을버스를 이용합니다. 걷는 사람도 있지만 이대역이나 웨딩타운 쪽에서 올라오면, 특히 여름에는 숨도 차고 땀범벅이 됩니다.

천연뜨란채도 서대문역에서 걸으면 언덕이 만만치 않고, 홍은벽산도 홍제역에서 걷기에는 다소 무리가 있습니다. 그래서 주민들은 주로 마을버스를 이용해서 역으로 갑니다. 홍제한양은 무악재역까지 걸을 수 있습니다. 예시로 보여 준 4개 아파트 중에서 역까지 걸어다니기에는 홍제한양이 제일 낫습니다.

아파트 연식은 어떨까요? 북아현두산은 1999년, 홍제한양은 1992년, 홍은벽산은 1995년, 천연뜨란채는 2006년입니다. 1992년 아파트와 2006년 아파트의 체감 연식은 차이가 많이 납니다. 연식은 천연뜨란채가 제일 낫습니다.

아파트별 기본 정보와 용적률

아파트명	위치	연식	전용 면적	방 개수	화장실	용적률
두산아파트	북아현동	1999년	59m²	3개	1개	350%
한양아파트	홍제동	1993년	60m²	2개	1개	229%
뜨란채아파트	천연동	2006년	57m²	3개	2개	229%
벽산아파트	홍은동	1997년	59m²	2개	1개	253%

출처 : 네이버 부동산

용적률은 홍제한양은 229%, 홍은벽산은 253%, 북아현두산은 350%, 천연뜨란채는 229%입니다. 만약에 재건축을 한다면 홍제한양은 약간의 여유 용적률이 있지만 북아현두산은 여유 용적률이 없다는 의미입니다. 북아현두산은 훗날 재건축을 한다면 1:1 재건축을 해야 한다는 결론이 나옵니다.(현행법으로는 용적률 300%가 최대치입니다.)

홍제한양이 투자처로 약간의 장점이 있어 보이지만, 방 개수와 복도식이냐 계단식이냐 등을 따져 보면 이야기가 달라집니다. 홍제한양은 방 2개 복도식입니다. 북아현두산은 방 3개 복도식이며, 홍은벽산도 방 3개 복도식, 천연뜨란채는 방 3개 계단식입니다. 홍제한양이 약간 장점이 있나 싶은데, 방 2개라는 부분에서 호감이 떨어집니다. 그럼에도 불구하고 도보로 지하철과 버스정류장을 이용한다는 장점이 커서 가격을 받쳐 주고 있습니다. 입지는 불변의 가치이기 때문입니다.

더불어 각 개인의 고유한 가치들이 아파트에 투영됩니다. 차를 가지고 다녀서 대중교통을 이용하는 경우가 거의 없어 집이 언덕에 있어도 상관없다면 대중교통의 프리미엄이 필요 없을 수도 있습니다.

우리는 항상 안전한 투자, 잃지 않는 투자를 해야 하니 보수적으로 접근하고 긴급히 팔아야 할 경우 제값을 받을 수 있는지 살펴봐야 합니다.

단지가 오래되었다는 것은 재건축이 점점 다가온다는 의미와 같습니다. 북가좌동에도 1986년에 건설된 한양아파트가 있는데, 30년이 넘었지만 아직도 콘크리트가 튼튼합니다. 강남의 아파트들도 재건축이 가시권에 들어올수록 가격이 올라갑니다. 아파트 가격은 신축 때 큰 장점을 가지다가 서서히 건물값이 떨어지고, 입지(대지값)의 힘으로 버티다가 재건축이 다가오면 다시 서서히 상승하는 모습을 보입니다. 어떤 아파트가 가장 합리적인 투자처일까요?

절대가격 안에서 상대가격을 따져야 한다

파인드아파트의 대표 구피생이는 강연에서 아파트는 입지, 연식 등에 따라서 가격이 계층별로 매겨진다고 말합니다. 5억 원, 6억 원, 7억 원 식으로 열을 지어 있다는 것입니다. 공덕역에서 멀어질수록 가격이 일정하게 내려간다는 것인데, 이런 가격 형성을 잘 보여 주는 단지가 신공덕래미안 2차와 신공덕래미안 3차입니다. 둘은 항상 일정한 가격 차를 보이며 함께 상승했다가 함께 하락합니다.

얼핏 보면 각자 고유한 가치를 내재하면서 타당한 가격을 형성하고 있는 시장에서 어떻게 숨어 있는 가치를 찾아내야 할까요? 이것저것 어렵다면 옆에 있는 신축 아파트와 비교해 보는 것도 방법입니다. 그것이 바로 상대가격입니다. 옆 아파트와 비교해서 이 아파트가 싼지 비싼지 비교해 보는 것입니다.

상대가격을 비교할 때는 1:1 재건축이 된다고 생각하면서 비교하면 계산이 쉽고 마음이 편합니다. 계산은 항상 보수적으로 넉넉하게 해야 다음에 추가이익이 더 발생할 수 있습니다. 계산을 너무 나에게 유리한 쪽으로 빡빡하게 하면, 뒤에 가서 추가 분담금이 발생하거나 기대보다 낮은 수익이 돌아올 수 있습니다.

북아현두산아파트의 예

북아현두산아파트는 현재 5억 5,000만~6억 5,000만 원인데, 옆에 이편한세상 신축 아파트가 서로 마주보고 있습니다. 신촌이편한세상 24평 호가가 11~12억 원 합니다. 그렇다면 북아현두산을 1:1 재건축한다고 생각해 보겠습니다. 한 집당 2억 원씩 갹출해서 1:1 재건축을 합니다. 그러면 북아현두산의 가격은 7억 5,000만~8억 5,000만 원 정도가 됩니다. 신촌이편한세상과 3~4억 원 정도의 갭이 여전히 유지됩니다. 북아현두산이 신촌이편한세상보다 약간 더 언덕 위에 위치하고 단지가 조금 더 작다고 하더라도 3~4억 원의 갭은 과도해 보입니다. 북아현두산이 몇 년 전보다 가격이 올랐지만 앞으로 더 오를 가능성이 보이는 이유입니다.

북아현두산아파트

　반대로 아파트 가격이 현재보다 20%씩 내렸다고 가정해 보겠습니다. 북아현두산은 4억 5,000만~5억 원이 되고, 신촌이편한세상은 9~10억 원이 됩니다. 북아현두산이 1:1 재건축을 하면 6억 5,000만~7억 원이 되고, 갭은 여전히 2~3억 원 정도가 됩니다. 북아현두산이 저평가일까요? 신촌이편한세상이 고평가일까요?

홍제한양아파트의 예

　홍제한양아파트를 보겠습니다. 홍제한양 옆에는 홍제원아이파크가 분양 후 입주를 앞두고 있습니다. 신축 아파트입니다. 홍제원아이파크 25평 가격이 7억 5,000만~8억 원 정도 합니다. 현재는 분양권 상태라서 입주가 시작되면 조금 더 오를 것입니다.(물론 현재 시장 분위기가 이어진다는

홍제한양아파트

출처 : 네이버 지도

가정 하에서입니다.)

홍제한양의 현재 가격이 5억 원이니까 홍제원아이파크와 갭이 3억 원 정도 됩니다. 홍제한양을 1:1 재건축한다고 했을 때, 홍제한양이 7억 원 정도 된다고 생각하면, 갭이 1억 원 정도 생깁니다. 1억 원을 더 주고 신축인 홍제원아이파크에 살지, 미래가치 1억 원을 덤으로 얻을 생각하며 구축 홍제한양에 살지는 개인의 취향에 따라 달라집니다. 훗날 홍제한양이 재건축된다면 신축 프리미엄 또한 얻게 될 것입니다. 당신이라면 어느 아파트에 살겠습니까?

이런 식으로 시뮬레이션을 해 보면 정확한 가격은 아니지만 어느 정도 상대적인 가격을 측정해 볼 수 있습니다. 신축 아파트에 살면 누구나 가장 좋겠지만, 당장 그 정도의 금액이 없는 경우에는 미래가치를 생각하며 구축에 사는 것도 행복해지는 방법 중 하나입니다.

신촌삼익아파트

출처 : 네이버 지도

신촌삼익아파트의 예

시뮬레이션을 한 번 더 해 보겠습니다. 신촌숲아이파크가 있고 신촌삼익아파트가 서로 붙어 있습니다. 2018년 9월 13일 현재, 신촌숲아이파크 분양권이 25평 11억 원 선입니다. 신촌삼익아파트 24평 호가가 7억 원입니다. 신촌삼익이 그동안 많이 올랐습니다. 그래도 아직 4억 원의 갭이 있습니다. 신촌삼익아파트가 1:1 재건축이 되어 9억 원이 되더라도 여전히 2억 원의 갭이 발생합니다. 신촌숲아이파크가 더 대단지이고 커뮤니티 시설에서 차이가 나지만, 훗날 신촌삼익아파트가 신축되었을 때는 이야기가 달라질 수 있습니다.

이런 예시는 어디든 있습니다. 본인이 살고자 하는 동네에서 이런 예들을 찾아보고 시뮬레이션해 보세요. 저평가된 아파트는 시장이 상승기 때는 함께 오르고, 시장이 하락기에는 적게 내립니다.

05
마포 이야기

마포살이의 시작

저는 2002년에 서강LG아파트에 1억 5,000만 원짜리 전세를 살면서 마포에 처음 터를 잡게 되었습니다. 주인 부부는 이 아파트가 재개발될 때 입주권을 샀는데 본인들은 아직 살지도 못하고 전세를 주고 있다고 했습니다. 25평 복도식으로 동향이라 해질 무렵 서쪽의 강렬한 해가 복도 쪽 창을 통해 깊게 들어왔습니다.

2003년 당시 마포 쪽 단독주택을 알아보면서 공덕을 갔는데, 가격이 평당 1,000만 원 정도로 꽤 높았습니다. 현금 2억 원밖에 없는 제가 공덕에서 단독주택이나 다가구주택을 사려면 대지 20~30평대밖에 살 수가 없었습니다.

요즘의 마포는 과거와 다르다

이후 아파트가 많이 들어섰습니다. 옛날에는 마포자이가 대장아파트였습니다. 마포자이는 대형 평수가 많고, 조경이 인상적입니다.

롯데캐슬은 역 앞에 랜드마크 아파트를 세우길 좋아합니다. 공덕역도 그렇고, 잠실역도 그렇고, 동묘앞역도 그렇습니다. 모두 역에서 나오면 롯데아파트가 웅장하게 있습니다. 공덕역 롯데캐슬은 위치로 봤을 때는 공덕의 랜드마크 건물이지만 크게 사랑받지는 못합니다. 일반인들이 거주하기에는 평수도 크고 관리비도 비싼 편입니다.

마래푸가 처음 조성될 때만 해도 마포 아파트의 중심은 염리동과 용강동 쪽에 있었습니다. 마포자이를 제치고 이편한세상 마포리버파크, 래미안마포리버웰이 시세를 주도했습니다. 요즘도 용강동, 염리동 쪽 시세가 더 높긴 하나 마래푸가 턱밑까지 추격해 왔습니다.

상암, 한때는 마포 최고가 아파트

2005년 전후로 상암에 아파트를 보러 갔다가 넘사벽 가격이라고 생각하며 생각을 접었는데, 이후로도 상암은 여전히 좋은 입지를 자랑합니다. 이제는 구축이 되었지만 인근의 가재울뉴타운보다 여전히 높은 가격을 유지하고 있습니다.

가재울은 신축이고 상암은 구축이기 때문에 같은 가격대라면 사실

마포 지도

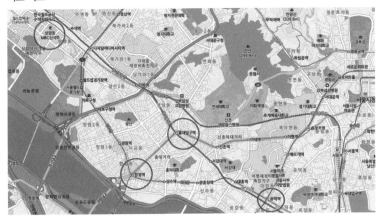

출처 : 네이버 지도

상 상암의 가격이 더 높다고 볼 수 있습니다. 상암 가격에 2억 원 정도를 더해서 가재울과 가치를 비교해 보면 상암의 진짜 가치를 느낄 수 있습니다. 상암은 지하철이 없는 것이 아킬레스건입니다. 엄밀히 말하면 DMC역이 상암의 아파트 단지에서 너무 멀리 있습니다.

공덕이 상암의 아파트 가격을 따라잡은 계기는 공덕역이 쿼드러플 역세권이 되면서부터입니다. 상암 중심부에 지하철 노선이 생긴다면 상암 아파트는 지금보다 2억 원 정도는 더 높아질 것으로 예상합니다.

마포는 어떻게 변할까?

서쪽의 상암과 동쪽의 공덕이 엎치락뒤치락 발전할 때 마포의 중간에 위치하여 조용히 잠자던 합정이 개발 계획을 바탕으로 무섭게 발전했습니다. 마포에서 최고가 아파트는 메세나폴리스입니다. 그 밖에도 래미안, 자이, 이편한세상, 아이파크 등 고가 아파트가 꽤 있습니다. 지난 15년 동안 마포에 정말 많은 아파트가 생겼습니다. 이 많은 아파트가 마포의 시세를 견인하고 있습니다.

예전에는 마포 아파트 곱하기 두 배 하면 강남 아파트 가격이었습니다. 잠실과 마포 아파트도 가격 차이가 있었습니다. 요즘도 여전히 잠실이 비싸지만 그 갭이 한때 메워지기도 했고 비슷해지기도 했습니다.

마포는 앞으로 또 어떻게 변할까요? 홍대를 10년 전에 가 보고 가 보지 않은 사람이 있다면 요즘 홍대를 한 번 가 보길 바랍니다. 홍대역에 고층 빌딩들이 즐비하고 상권도 예전보다 더 커졌습니다.

마포는 이제 동네 하나하나가 각자의 히스토리와 스토리를 가지고 브랜딩되어 갑니다. 김대중 도서관과 책 있는 거리가 있는 동교동, 과거부터 단독주택이 많았던 부촌 서교동, 핫한 연트럴파크 연남동, 망리단길 망원동, 상암월드컵경기장 상암동, 재건축이 임박한 성산동, 교통의 중심 공덕동, 마래푸의 아현동, 서강대가 있는 신수동, 을밀대가 있는 염리동, 대표적인 주거타운 도화동 등 각 동들은 각자의 역할을 충실히 하며 마포 발전을 이끌고 있습니다.

06
서대문 이야기

집을 볼 때는 행정동에 매몰되면 안 된다

가재울뉴타운 안에 연희한양아파트라고 있습니다.(뉴타운을 일컬을 때는 신축만 말하는 것이 아니고 타운 안에 있는 모든 아파트를 통칭합니다.) 이 아파트는 연희동에서 한참 떨어져 있는데 왜 연희한양이라고 이름을 지은 걸까요?

왜 가재울은 DMC(디지털 미디어 시티)라는 용어를 사용할까요? 상암 입장에서 보면 가재울의 DMC 명칭 사용이 무리해 보일 수 있지만, 실제로 DMC역으로부터 컴퍼스를 돌리면 이야기가 달라집니다. DMC역을 기점으로 객관적인 시각으로 바라보면 상암, 가재울뿐만 아니라 수색, 증산까지 다 DMC역 반경에 포함됩니다. DMC는 마포만의 것이 아니라 서대문, 은평까지 함께 공유합니다.

여기서 말하고 싶은 것은 집 가치를 측정할 때 행정동에 매몰되면 안 된다는 것입니다.

제가 한창 집을 보러 다닐 때 남성역 주변부터 이수역까지 돌았던 적이 있습니다. 남성역은 동작구에 있습니다. 이수역에서 한 정거장 거리입니다. 2002년에 제가 이수역 주변을 둘러보면서 이해되지 않았던 것이, 방배동과 사당동이 길 하나를 놓고 시세 차이가 엄청 나는 것이었습니다. 그 이유를 찾아보니 '단지 방배동은 서초구고, 사당동은 동작구니까….' 정도였습니다. 실제로 내방역, 방배역 쪽으로 가는 길이 좀 더 정리가 잘되어 있긴 했습니다. 그렇다 하더라도 당시 시세는 요즘에 비해 더 차이가 났습니다.

충정로역은 2호선, 5호선 황금노선이 다니는 더블역세권입니다. 서대문구 북아현동 입장에서도, 마포구 아현동 입장에서도, 중구 중림동 입장에서도 우리 역입니다. 그럼 충정로역은 누구의 역인가요?

충정로역은 이렇듯 서대문구, 마포구, 중구 3개 구를 접하고 있습니다. 그러니 집 가치를 판단할 때 구나 동 이름의 편견에 사로잡혀 고평가하거나 저평가하는 것을 경계해야 합니다.

본격적인 서대문 이야기

서대문은 대표적으로 저평가된 곳입니다. 서대문의 예전 명성에 비해 줄곧 내리막길을 걸어왔습니다.

서대문의 중심은 어디라고 말할 수 있을까요? 맛집 거리로 급성장한 연희동일까요? 연희동은 예전에도 부촌이었고 지금도 부촌입니다. 큰 집이 엄청 많습니다. 명지대 근처에 있는 명지초등학교(사립) 하굣길 풍경을 보면 외제차들이 길게 줄지어 있습니다.

서대문은 홍은동, 홍제동, 연희동, 남가좌동, 북아현동 곳곳에 부자들이 살고 있습니다. 연희한양아파트도 과거 시세표를 보면 강남과 아파트 값이 같습니다. 건축 당시의 연희한양아파트는 큰 평수에 주차장이 넓고 그 동네 최고의 아파트였습니다.

어디를 서대문의 중심으로 봐야 할까?

DMC와 가까운 가재울이 서대문의 중심일까요? 도심과 가까운 북아현이 중심일까요? 전통의 강호 연희와 홍제를 중심으로 봐야 할까요?

개인적으로 안타깝게 생각하는 곳은 홍제동입니다. 유진상가 재건축 등 화려한 개발계획이 있었는데 무산되었습니다. 홍제는 통일로에 대한 교통 체증 문제로 가치 절하가 있었다 하더라도 그동안 가치 절하에 비해 더 저평가되었다고 생각합니다.

종로구에 속한 인왕산아이파크가 줄곧 높은 시세를 유지했는데, 그에 비하면 한 정거장 차이인 무악재, 홍제가 조금 더 인정받지 못했다고 생각합니다. 그나마 이전에 세웠던 개발계획들이 이제 진행되면서 선두주자로 홍제원아이파크가 입주를 앞두고 있습니다. 호가가 10억 원입니다. 홍제에 대한 재평가가 시작된 것입니다.

홍제가 살아나면 무악재, 주변의 홍은동까지 함께 살아날 것입니다.

서대문 지도

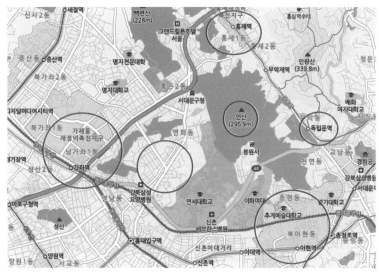

출처 : 네이버 지도

2018년 9월 현재 홍은벽산 25평 1층이 3억 6,000만 원입니다. 1층이고,
지하철역에서 걷기는 무리가 있고, 건축된 지 오래되었다는 점을 고려하
더라도 요즘 보기 드문 가격입니다.

상암과 어깨를 겨루는 가재울뉴타운

가재울뉴타운의 성장은 마래푼만큼이나 눈부십니다. 가재울이 미분양
일 때 친구가 가재울 아파트를 사도 되냐고 물었습니다. 저도 당시 가재
울 구축을 투자했는데 신축 가격은 비싸 보였습니다. 친구에게 투자하지

말라고 했는데, 결론적으로는 친구가 옳았습니다.

저는 한동안 가재울 구축 투자로 죽을 쑤었습니다. 구축에 있던 사람들이 구축을 팔고 신축으로 대거 이동을 하면서 구축 가격이 하염없이 떨어졌습니다. 게다가 경기하락도 한몫을 했습니다. 그런데 바닥을 보면서 한참 떨어지는 바로 그때 구축을 매입한 사람들이 있었는데, 지금은 다들 웃고 있습니다. 물론 그때 신축을 구입한 사람들도 웃고 있습니다. 지금 현재 가재울뉴타운 투자에서 패자는 아무도 없습니다.

가재울뉴타운은 밖에서 보는 것과는 다릅니다. 아파트 단지를 한 번 걸어 보세요. 단지를 걸어 보면 마래푸보다 가재울이 낫습니다. (경사진 마래푸와 평지의 가재울은 입지라는 요소를 빼고 나면) 사용자 편의적인 측면에서 가재울이 낫다는 것은 마래푸 주민들도 반박하지 못할 것입니다.

서대문의 숨은 진주 북아현뉴타운

다행인 것은 최근 들어 시장이 행정동에 얽매여 아파트 가치를 평가하지 않는다는 점입니다. 마래푸와 신촌이편한세상은 가격 궤를 같이 합니다. 경우에 따라서 초역세권인 신촌이편한세상을 더 높게 평가하기도 합니다. 마포니, 서대문이니 하며 가리지 않습니다. 사람들이 실질적인 가치를 평가하기 시작했습니다. 지금 상황에서는 서대문의 선두주자는 북아현뉴타운입니다.

그래서 이제는 '우리 단지가 좋네, 너희 단지가 좋네.' 하며 싸울 필요가 없습니다. 각자 직장과 사용 가능한 금액에 맞춰서 실거주할 집을 구하면 됩니다. 상암에 직장이 있다면 가재울은 좋은 대안입니다. 광화문, 여의도가 직장이면 마래푸가 좋습니다. 그런데 가재울도 광화문까지 얼마 걸리지 않습니다. 가재울 대로변에서 시청, 광화문까지 버스로 30~40분이면 갈 수 있습니다. 마래푸도 마찬가지입니다. DMC까지 얼마 걸리지 않습니다.

연희동은 지대가 제일 높은데, 아이러니하게도 주거지로서 가치가 높아지는 게 아니라 상업, 여가의 가치로 주가가 높습니다.

자연의 가치는 갈수록 부각된다

서대문 이야기를 할 때 제가 빼놓지 않는 것이 있습니다. 서대문 안산입니다. 안산을 아직 가 보지 못한 사람이 있다면 둘레길을 꼭 한 번 둘러보길 바랍니다. 예술입니다. 이런 산을 끼고 매일 산책할 수 있다면 정말 좋을 것입니다.

주변 시세를 알아 보니, 성원상떼빌팰리스 65평이 14억 원 정도 했습니다. 평창동도 그렇지만 이런 곳들은 특징이 대형 평수이면서 가격의 변화가 없습니다. 이렇게 급등하는 시기에도 이곳 시세는 점잖게 가만히 있습니다.

대표적인 저평가 지역이었던 서대문이 서서히 고개를 들고 있습니다. 어디까지 올라갈까요?

07
은평 이야기

은평의 중심은 어디일까?

은평의 중심은 누가 봐도 연신내 아닐까요? 시간을 조금 뒤로 돌리면 응암일 것도 같습니다. 응암의 대림시장은 과거에 상당히 번화하고 컸을 것으로 추측됩니다. 대림시장은 시장으로도 유명한데, 인정병원(산부인과)도 꽤 유명합니다. 삼성제일병원(산부인과)과 더불어 서울시 산부인과 전문병원의 양대 산맥입니다.

연신내도, 응암도 아니면, NC백화점이 있고 대조시장이 있는 불광역 부근이 은평구의 번화가일까요? TV에서 나오던 '불광동 휘발유'가 살던 곳이 은평구 불광동입니다. 주먹깨나 쓰던 사람들이 이곳을 잡고 있었나 봅니다. 왜냐하면 이곳에 (지금은 작아 보이지만) 버스터미널이 있기 때문이다. 버스터미널이 있으면 주변으로 밥집, 술집이 생기고 여관이 생기면서 상권이 발달합니다.

사실 은평구 부자들은 은평구청 근처에 꽤 많이 거주하고 있습니다. 은평구청 주변을 가 보면 동네가 잘 정리되어 있습니다. 큰 집들도 보이는데, 예전의 위상을 말해 줍니다. 상권도 적절히 형성되어 있습니다. 대개 구청 주변은 상권이 어느 정도 발달하는 편입니다. 연신내 쪽에도 부자들이 꽤 있습니다. 그만큼 상권이 발달했기 때문입니다.

연신내에는 꼬마빌딩이 아주 많습니다. 사실 어떤 크기가 꼬마빌딩이고 어떤 크기가 소형, 대형인지 기준은 잘 모르겠지만, 3~4층 빌딩을 꼬마빌딩이라고 칭하겠습니다. 이런 꼬마빌딩은 적어도 20억 원은 할 테고, 월세가 적어도 1,000~2,000만 원은 나올 것입니다. 이런 꼬마빌딩이 연신내에 수백 개, 어쩌면 수천 개가 있으니, 역설적으로 아파트나 근로소득 수준으로 연신내 부자 수를 추정하긴 어려워도 집 부자, 임대소득 부자는 추정할 수 있을 것입니다.

은평에서 과거 이야기는 하지 말자

은평구에는 그동안의 낙후된 이미지를 뒤로하고 어마어마하게 많은 아파트가 들어서고 있습니다. 은평구는 과거에 대표적인 서민 주거지였습니다. 수많은 단독, 다가구, 연립 주택 등이 이를 증명합니다. 10년 전만 해도 아파트가 많지 않았습니다. 겨우 생기기 시작한 아파트가 '북한산'이라는 이름을 붙인 불광동 아파트들이라고 합니다.

뉴타운 덕에 태어난 은평뉴타운이 아파트의 맥을 잇고 있습니다. 그러나 알려진 것처럼 은평뉴타운은 미분양의 성지였습니다. 서울시장까지 나서서 은평뉴타운 미분양에 팔을 걷어붙였습니다. 세일도 하고 홍보도 하고…. 그 결과 지금은 어떤가요? 가재울뉴타운이 그렇고 지방의 몇몇 도시가 그렇듯이 미분양이 끝나고 몇 바퀴 돌고 나면 언제나 시세는 올라갑니다. 은평뉴타운도 요즘의 급등기에 순풍을 맞이했습니다.

앞으로 10년간 은평구 지도는 급변할 것이기 때문에 흐름을 놓치면 옛날 이야기하는 사람이 될 수 있습니다. 은평구 아파트 지도는 크게 은평뉴타운, 녹번역부터 불광역까지 이어지는 아파트라인, 백련산 시리즈(응암역세권 포함), 마지막 히든카드는 수색증산뉴타운입니다.

은평 지도

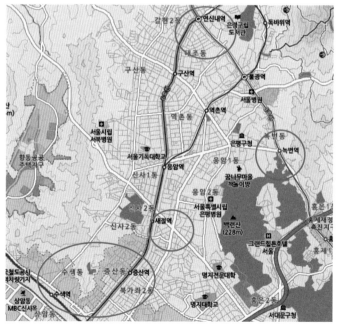

출처 : 네이버 지도

은평구의 대장 아파트는 어디일까?

결국 가장 높은 시세는 수색증산뉴타운이 형성할 것입니다. 녹번역 주변 아파트들의 시세가 최근 상당히 높은데, 녹번역 쪽 아파트 시세는 홍제역 쪽 아파트들과 궤를 같이할 가능성이 큽니다. 홍제역 신축 대비 녹번역 신축이 1~2억 원 정도는 낮게 책정될 것입니다. 통일로의 교통 체증이 시세에 반영되는 것이 어쩔 수 없는 현실이지만, 그래도 요즘의 녹번역은 과거와는 비교가 힘들 만큼 완전히 새로워졌다고 표현하는 게 맞을 듯합니다.

수색증산뉴타운은 (가재울이나 상암처럼 단지를 형성하며 제대로 개발된다는 전제하에) 상암이나 가재울과 시세가 동등하거나 조금 더 높을 것입니다. 수색증산뉴타운의 가장 큰 장점이 지하철 접근성인데, 트리플 역세권인 DMC역에서 가장 가까운 곳이 수색증산뉴타운입니다. 최근 조합원 분양권에 프리미엄이 5억 원이 붙어서 이미 10억 원이 넘어갔다고 하니, 지금의 시장 흐름이라면 입주 때는 12억 원이 넘어갈 가능성이 큽니다.

단 전제 조건이 있습니다. 수색증산뉴타운이 가재울뉴타운처럼 대규모로 반듯하게 개발되어야 합니다. 증산4구역은 개발될 것인가 말 것인가를 놓고 혼란스러운 상황인데, 최초의 뉴타운 계획대로 최대한 많은 구역이 개발된다면 수색증산뉴타운 아파트 가격은 주변 지역을 선도하게 될 것입니다. (입주까지 3년이 남았으니) 이 가격이 거품이냐 아니냐는 결국 시장에 있는 투자자의 몫이 됩니다.

수색증산뉴타운의 걸림돌 중 하나는 개발에 대한 주민들의 피로도가 상당히 높다는 것입니다. 이미 2000년대 중반부터 개발에 대한 니즈가 있었는데, 아직도 지지부진한 구역들이 있다 보니, 그냥 개발하지 말고 이렇게 살자는 사람들도 있습니다. 투자를 위해 유입된 외지인들이 섞여서 한목소리를 내지 못하는 구역들도 있습니다. 이미 구역 지정이 취소된 곳들도 있습니다.

(신길뉴타운도 그렇지만) 뉴타운은 가재울뉴타운이나 마래푸의 아현뉴타운처럼 될 거면 반듯하게 모든 구역이 다 같이 되는 것이 동네도 살리고, 시세도 높이고, 주거의 질도 높이는 일거양득의 길입니다. 그런 의미에서 녹번역 주변의 대규모 개발은 누구의 작품인지 모르겠으나 (주민의 자발적 힘인지, 구청 주변이라 쭉쭉 밀어 준 덕분인지) 뉴타운이 아닌데도 재개발, 재건축을 통해 자생적으로 개발된 모범적인 사례라 할 수 있습니다.

은평의 숨은 장점

은평을 이야기할 때 우리가 잘 모르거나 간과하는 부분이 있습니다. 은평 주민들이 은평을 떠나지 않는 이유 중 하나는 점잖은 정서도 있지만, '교육'이 큰 몫을 차지합니다. 은평구의 대성고등학교는 유명한 사람을 많이 배출한 것으로도 유명하지만 지역의 대표적인 명문고입니다. 서울대 입학 순위를 보면 빠지지 않고 언급되는 학교입니다. 대성고 외에도 숭실고, 충암고, 선일여고, 선정여고, 예일여고, 동명여고 등 각자 장점과 개성을 가진 학교들이 포진해 있습니다. 충암고는 바둑과 야구로 유명한 학교입니다. 선일여고는 농구 명문입니다.

은평구는 과거 비싸지 않은 주거비에 적절한 생활 물가, 그리고 안정적인 교육 환경을 바탕으로 많은 사람을 흡수해 왔습니다.

도심과 어우러지는 자연 환경

은평구 하면 빼놓을 수 없는 게 불광천입니다. 종종 물이 넘쳐 곤혹스럽기도 하지만, 불광천의 벚꽃 길은 기가 막히게 아름답습니다. 백련산 부근 이야기도 빼놓을 수 없습니다. 백련산 부근 아파트들은 너무 산 쪽에 지어서 처음에는 주목받지 못했으나, 최근에 차츰 산 아래쪽에 아파트들이 지어지면서 응암역과 바싹 붙게 되었습니다. 응암역을 도보로 이용할 수 있는 아파트들은 프리미엄이 상당히 붙었습니다.

백련산 아파트 단지의 가장 아쉬운 점은 교통인데, 앞으로 서부선이 착공되면 충암고역이 생길 예정이라 지하철 접근성이 크게 개선될 것으로 기대됩니다. 서부선이 언제 개통될 것인가는 시기의 문제일 뿐입니다. 서부선은 명지대, 연세대, 서울대를 잇는 황금 교육 노선에 신촌, 여의도를 지나는 직장인 노선까지 포함하기 때문에 이용자 수가 상당히 많을 것으로 예상됩니다.

은평뉴타운은 이제 자리를 잡았다고 볼 수 있습니다. 건설 초기만 해도 병원 진료를 받거나 쇼핑 등을 하려면 연신내 쪽으로 나와야 했는데, 이제는 은평뉴타운 안에 롯데몰, 성모병원 등이 있어서 모든 것이 해결

가능합니다. 오히려 연신내 쪽에서 은평뉴타운, 삼송 쪽으로 쇼핑을 하러 가는 모양새가 되었습니다. GTX까지 개통되면 은평뉴타운의 집값은 또 한 번 뛸 것입니다. 교통 관련한 편의시설을 착공한다는 뉴스만 나와도 집값이 뜁니다.

은평은 잔잔하지만 아기자기한 재미와 멋이 있는 곳입니다. 토박이가 많은데, 이제는 아파트촌이 대거 들어섬으로써 젊음이 유입되고 활기가 생길 것입니다.

08
강남 이야기

올해 초에 남편 따라 해외에 나가 있는 친구한테서 전화가 왔습니다. 몇 년 전에 이 친구에게 마포 아파트를 소개해 주었고, 거기서 잘 살다가 결혼을 한 후에 전세를 주고 출국했습니다. 이 친구는 해외에서 아이 낳고 잘 살고 있는데 귀국하려면 아직 멀었습니다.

친구의 말을 들으니 요즘은 해외에서도 주재원들끼리 부동산 이야기를 많이 나누는 것 같았습니다. 몸은 해외에 있지만 마음은 한국 부동산에 있는 것이지요.

강남 사도 돼?

친구가 전화를 한 이유는 해외에 있는 사모님 중에 강남 부동산 전문가가 있는데, 그녀가 반포센트럴푸르지오써밋 분양권을 사라고 한다며

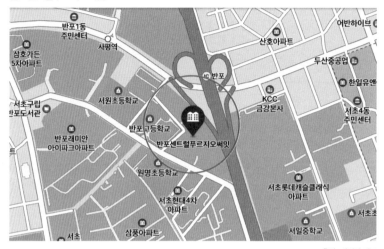

반포센트럴푸르지오써밋

출처 : 네이버 지도

사도 되는지 물어보기 위해서였습니다. 그 사모님이 강남은 앞으로 오를 수밖에 없고 공급은 부족하고 신축도 부족한데 다들 새 아파트에 살고 싶어 하니, 무조건 사라고 한다고 했습니다.

저는 강남을 1년에 2~3번 정도, 어느 해에는 한 번도 가지 않을 때도 있는 강남 문외한입니다. 굳이 강남을 간 횟수를 꼽자면, 네이버 부동산 지도를 이용한 방문이 가장 많습니다. 2015년에 방배동에 관심이 있어서 몇 번 보러 간 적이 있는데, 그 밖에는 강남을 부동산 입지 분석을 위해 방문한 적은 한 번도 없습니다. 그래서 친구에게 말했습니다.

"내가 강남을 어떻게 아니? 네가 알아서 판단해야지."

다만 친구에게 원론적인 이야기는 해 주었습니다.

"통상적으로 분양을 하면 가격이 조금 정체되다가 입주가 다가오면 가격이 올라간다. 그러다가 입주가 시작되면 한 번 더 올라가는데, 사람들은 실입주하는 아파트를 선호한다."

그러고는 무슨 돈이 있어서 강남 아파트를 사느냐고 물으니, 계약금과 프리미엄만 있으면 중도금은 무이자라고 했습니다. 계약금과 프리미엄만 해도 꽤 나가긴 하지만 어떻게든 끌어모아서 사겠다고 했습니다.

친구는 해외에 있으니 입주가 시작되면 누군가에게 전세를 놓게 될 것입니다. 다행히 마포 아파트 가격이 좀 올랐으니 그걸로 어느 정도는 충당될 것으로 보였습니다. 전세를 놓으면 갭도 어느 정도 메워질 터였습니다.

강남도 강남 나름이다

저와 친구의 대화에서 이상한 점이나 어색한 점을 발견한 사람이 있다면 최소 강남을 좀 아는 사람입니다. 우리가 통상 '강남, 강남' 하지만, 사실 강남 안에서도 투자처는 엄청 세분화됩니다.

하도 '강남, 강남' 하기에 저도 작년에 강남을 쭉 훑어봤습니다. 네이버 부동산과 다음 지도 로드뷰만 있으면 강남을 직접 가지 않아도 살펴볼 수 있습니다. 의외로 강남에도 싼 물건이 있었습니다. 깨끗한 동네인데도 나홀로 아파트들은 가격이 비싸지 않았습니다. 이리저리 둘러보면서 '이 정도면 강남에 살 만하겠네.'라는 생각을 했습니다. (2018년 11월 21일 네이버 부동산 호가 기준으로 논현한화꿈에그린 32평은 10억 원이 좀 넘습니다. 2017년에 알아봤을 때는 7억 원 정도였습니다.)

강남도 동네 따라, 단지 따라 아파트 가격이 천차만별입니다. 강남구, 서초구, 송파구 다 다르고 반포, 대치, 도곡, 역삼, 개포, 잠실, 압구정, 청담 다 다릅니다. 그런데 저처럼 강남을 잘 모르는 사람들은 그냥 그곳들을 모두 '강남'이라고 합니다. 강남 사람들이 보면 웃겠지만 실제로 밖에서 보는 강남은 그렇습니다.

부산의 부촌 해운대를 예로 들면, 장산 꼭대기 아파트도 해운대, 해운대 바다 앞 아파트도 해운대입니다. 정확히는 해운대구 재송동과 해운대구 우동으로 입지 차이가 큽니다. 해운대가 손바닥만 한 동네는 아니라는 겁니다.

마포도 마찬가지입니다. 공덕도 마포, 상암도 마포, 홍대와 합정도 마포입니다. 지금은 마포의 아파트 시세를 주도하는 것이 공덕 주변이지만, 옛날에는 서교동 단독주택촌이 더 비쌌을 겁니다.

강남도 그렇습니다. 높은 시세가 한 지역에 가만히 형성되지 않고 동네 따라 돌고 돕니다. 결과적으로는 친구 덕에 강남에 관심을 가지고 반포 주변 시세를 둘러보게 되었습니다. 아마도 친구의 분양권은 이번 폭등기에 또 올랐을 것입니다.

지인을 잘 두면 묻지 마 투자도 성공한다

제 친구처럼 옆에 지인을 잘 두면, 묻지 마 투자를 해도 성공을 합니다.

저처럼 몇 달을 고민하고 투자한 사람보다 오히려 투자 수익이 더 많을 수도 있습니다. 꼭 부동산 투자만 그런가요? 주식, 금, 달러 다 마찬가지입니다. 어떨 때는 공부를 하고 투자를 해도 수익이 따라 오지 않고, 어떨 때는 대충 투자했는데 수익이 많을 때도 있습니다.

투자에 대해 공부를 한다는 것은 리스크를 줄이기 위한 것이지, 투자 공부를 한다고 해서 항상 대박을 기대할 수는 없습니다. 해외에 있는 제 친구가 옆에서 무조건 사라고 한다고 해서 강남 아파트를 샀을까요? 본인 일생일대에 가장 큰 투자를 하는 것이니 아마도 면밀히 살펴보고 샀을 겁니다.

아마 한국에 오더라도 실거주는 힘들 것입니다. 금리가 조금 올라간다고 가정하고 20억 원에 40% 대출이면 8억 원이고, 4% 이자면 연 3,200만 원, 한 달에 270만 원 가까이 이자를 내야 하는데, 외벌이라 이걸 감당하기는 힘들 것입니다.

나도 정말 많은 돈이 생긴다면 강남에 살고 싶을까?

저는 아직까지 강남에서 꼭 살아야 할 필요성은 느끼지 못합니다. 양도세 중과로 인해 강남의 부동산을 살 돈도 없습니다만, 저는 터 잡은 마포가 좋습니다. 꼭 강남에 살아야 한다면 작은 크기의 부동산부터 알아볼 것입니다. 아파트가 아닌 단독, 빌라도 알아볼 것입니다.

강남에 집 있는 사람을 보면 부러워하세요. 친구가 열심히 돈 벌어서 강남에 입성했으면 축하해 주세요. 시기, 질투한다고 달라질 게 있나요?

그런데 본인이 왜 강남에 살고 있는지 모르는 사람도 많습니다. 애초에 태어나기를 강남에 태어났는데 어쩌겠어요? 지방 부촌 아이들보다 강남 아이들이 더 절약하고, 옷도 평범하게 입고 다니는 경우도 많습니다. 용돈도 많이 받지 못하는 경우도 많고요. 실제로 집이 강남에 있을 뿐이지 소득은 지방 부촌 가구들보다 낮은 가구도 꽤 있습니다.

처음부터 강남이 10억 원, 20억 원 했던 건 아니다

붇카페에 옛날 자료들이 올라오는데, 과장되게 말하자면 옛날에는 서울 어디든 아파트 가격이 엇비슷했습니다. 그런데 10년, 20년 세월이 흐르는 동안에 자연스럽게 강남이 더 발전하면서 격차가 벌어졌습니다.

강남 집값이 왜 이렇게 비싸냐고, 넘사벽이라고 할 시간에 자기가 사는 동네를 더 잘 가꾸어 보세요. 우리 동네 브랜딩은 어떻게 되어 가고 있는지 살펴보세요. 알고 보면 우리 동네도 살기 좋고 인프라가 괜찮은데, 괜히 강남이 최고라고 생각하는지도 모릅니다.(물론 강남 인프라가 좋습니다. 아니, 좋다고 다들 그럽니다.)

마포에 사는 저로서는 1년에 강남 갈 일이 몇 번 안 된다는 게 빈말이 아닙니다. 정말로 강남에 갈 일이 거의 없습니다. 아프면 신촌 세브란스 병원 가면 되고, 쇼핑은 (요즘은 거의 인터넷 쇼핑하지만) 신세계 명동, 롯데 백화점 가면 되고, 즐길거리는 홍대에 많고, 광화문에는 교보문고가 있고, 경복궁이나 북한산도 가깝고, 남산도 가기 편하고, 지방 갈 때는 서울역과 용산역이 가까워 아주 편합니다.

똑같이 재개발 사업을 하는데 왜 다를까?

재개발 구역에 투자해 보니, 잘되는 조합과 잘 안 되는 조합의 차이가 있었습니다. 잘되는 조합은 조합 집행부를 비롯해서 조합원이 모두 센스 있고 영리합니다. 일을 잘되는 쪽으로 도모합니다. 그런데 삐걱거리는 조합은 조합 집행부부터 투명하지 못하고 조합과 조합원들이 불신하고 반목합니다. 결국 다 잘되자고 하는 사업인데, 조합원 모두가 윈-윈하지 못하고 다 같이 침몰합니다.

강남에서 재건축 사업하는 것을 한 번 들여다보세요. 똑똑한 사람이 많이 있으니까 아이디어도 좋고 정부를 대상으로 의견 개진도 잘합니다. 설득력이 있고 논리적이고 정치를 할 줄 압니다. 잘 안 되는 조합은 독선과 독재, 편견으로 서로 타협할 줄 모릅니다. 누군가 좋은 의견을 내어도 그게 어떤지 구분도 하지 못합니다. 사업은 시간이 금인데, 세월아 네월아 시간만 흘러갑니다. 그렇게 되면 수익률도 떨어집니다. 조합원이 더 많은 이익을 낼 수 있었는데, 그 돈은 허공으로 가 버립니다.(심지어 누군가가 착복했을 수도 있습니다.)

강남을 부러워하기 전에, 강남을 뭐라고 하기 전에 우리 동네부터 챙

거야 합니다. 우리 동네도 얼마든지 좋은 동네가 될 수 있습니다. 지역민들이 단합하고 가꾸기 나름입니다. 제가 사는 마포는 요즘 많이 좋아졌습니다. 마포가 잠실을 따라 잡는다고 기분 나빠 하지 말고 마포 발전을 축하해 주면 좋겠습니다. 물론 마포 아파트 가격이 올라가도 잠실은 더 올라간 것 같지만….

09
부동산 투자의 종류

억 단위의 돈이 그냥 벌리겠는가?

많은 사람이 아파트를 선호할 때, 아버지는 제게 아파트 말고 단독주택이나 다가구주택을 알아보라고 주문하셨습니다. 2002년에 집 구하기에 실패하고 아파트 전세를 얻었을 때도 단독주택을 좀 더 알아보자고 말씀하셨습니다.

당시에 2억 원의 돈으로 단독주택을 구입하지 않고 아파트를 구입했으면, (같은 금액을 적용해 보겠습니다. 2억 원 원금 + 대출 1억 5,000만 원 = 총 3억 5,000만 원) 마포에 30평대 아파트를 살 수 있었습니다.

시간이 지난 2018년 9월 현재 마포의 30평대 구축은 10억 원 정도 합니다. 단독주택은 1+1 분양권을 받게 되어 투자수익이 15억 원 정도로 예상됩니다. 5억 원은 결코 적지 않은 금액입니다.

부동산 카페는 마치 사이버 세상 같습니다. 카페에서 언급되는 1억 원,

2억 원에 아무런 느낌이 없습니다. 어떨 때는 1~2억 원 정도는 적은 금액처럼 보입니다. 그런데 우리의 현실은 어떤가요? 편의점을 갔을 때 먹고 싶은 음료가 있어도 1+1, 2+1 프로모션에 흔들려 고민합니다. 옷이나 식료품을 살 때도 할인이 없으면 뭔가 손해 보는 느낌입니다.

현실에서는 돈 한 푼 한 푼이 잘 계산되는데, 유독 부동산 시장에서는 1,000만~2,000만 원의 크기가 작아 보입니다. 머리를 몇 번 흔들고, 정신을 가다듬어야 합니다. 부동산 투자에서 1~2억 원은 절대 적은 금액이 아닙니다. 다른 사람들이 더 많이 벌었다고 하니 자기 돈이 적어 보이는 것입니다. 그래도 투자하지 않은 사람보다는 투자한 사람이 더 많이 벌었습니다.

부동산 투자 상품에 아파트만 있는 것은 아니다

부동산에는 아파트만 있는 게 아닙니다. 단독주택도 있고, 다세대도 있고, 연립도 있고, 오피스텔도 있고, 상가도 있고, 꼬마빌딩도 있고, 대형빌딩도 있고…. 투자할 거리는 많이 있습니다.

수익률을 쫓는다면 집은 전세나 월세에 살더라도 상가나 오피스텔에 투자를 할 수 있습니다. 도심 오피스텔의 경우, 시세차익은 적어도 수익률은 꾸준한 편입니다. 월세 곱하기 30년 했을 경우, 떨어지는 오피스텔이 많이 있습니다. 오피스텔은 매매시 취등록세가 4.6%이므로 항상 이 점을 염두에 두어야 합니다. 예상 매매가를 오버시키는 요인이 되기 때문입니다.

시야를 조금만 더 넓히면 10~20억 원 하는 꼬마빌딩 매매도 생각할 수 있습니다. 요즘 워낙 아파트 가격이 오르다 보니, 3~4층짜리 건물들도 싸게 보이는 착시현상이 일어납니다. 1, 2층은 세를 주고 3층에 주인인 '내'가 사는 상상만으로도 흐뭇합니다. 나의 생활 패턴은 그대로이니 월급 들어오지, 다달이 월세 들어오지, 아파트에서 누리는 편의시설은 조금 양보했지만 내 건물에서, 내 땅에서 살고 있으니 가만히 거실에 누워 있어도, 건물 주변 담배꽁초를 주우며 청소를 해도, 다리가 다소 아프게 3층 계단을 오르내려도 마음이 흐뭇합니다.

건축된 꼬마빌딩을 구입하지 않고 허름한 단독주택을 허물고 스스로 건축할 수도 있습니다. 건물을 허물고 나대지 상태가 되면 대출받기가 오히려 수월해집니다. 나대지 상태에서 대출금으로 건물을 짓고, 몇 집은 전세를 주고 몇 집은 월세를 주면, 이 또한 계산에 따라 괜찮은 투자가 될 수 있습니다. 적어도 내 땅은 변함없이 그 자리에 있으니까요.

이렇게 계속 짓다 보면, 누군가는 상업지역에 땅을 사고 10층짜리 빌딩을 짓게 됩니다. 때로는 분양을 할 수도 있습니다. 이런 사람을 디벨로퍼(developer)라고 합니다. 1~2년짜리 프로젝트로 높은 빌딩을 지으면 어떤 생각이 들까요?

남들이 가지 않는 길에 투자 수익이 난다

우리나라는 언제부터 아파트 공화국이 되었을까요? 결국 소비자가 원하니까 짓는 거고, 살아 보니 편하니까 가격이 올라가는 겁니다. 그런데 돈이 많은 재벌은 대부분 단독주택에 삽니다. 고액 연봉자들도 주택을 선호하는 사람이 많습니다.

자신이 가지고 있는 금액, 가용 가능한 금액이 다르더라도 그 다른 범위 안에서 우리는 다양한 투자처를 발견할 수 있습니다. 우리에게 대안이 아파트만 있지 않다는 걸 한 번쯤 생각해 보길 바랍니다.

이런 생각을 제 어머니에게 말하니, "너는 돈 많이 벌면 주택 살아라. 나는 아파트 살 거다."라고 하십니다. 어머니 의견을 존중합니다. 고액 아파트 전세로 사는 지인에게 "재개발 빌라에 투자해 놓으라."고 권유하니, "관리가 힘들어서 투자하지 못할 것 같다."라고 대답했습니다.

그렇습니다. 그래서 다른 사람들에게 기회가 있는 겁니다. 남들이 선호하는 상품, 가격이 일정 부분 매겨진 상품에 투자하고 수익을 얻는 것도 방법이지만, 발품을 팔아서 실거주도 하고 투자도 할 수 있는, 혹은 실거주는 전/월세를 하더라도 투자로 성공할 수 있는 상품을 찾을 수 있는 것입니다.

부동산 투자는 성공하고 싶은데 발품은 팔기 싫고, 다른 사람이 어디 사라고 짚어 주면 그냥 그곳에 투자해서 이익을 보겠다고 생각하는 사람이 많습니다. 마트에서 채소 하나를 살 때도 이리저리 살피고, 우유 하나를 살 때도 유통기한 따지면서, 어떻게 집을 살 때는 그것보다 못하게 혹은 그 정도의 발품도 팔지 않으려고 생각할까요? 한 번의 투자로 1~2억 원이 오고 간다면, 적어도 마트에서 물건을 살 때보다 수십 배, 수백 배의 노력을 기울여야 합니다.

10
부동산 정보를 취하는 방법

내 판단만 옳다고 생각하지 마라

세상을 살아가기 위해 필요한 정보는 대부분 개방되어 있습니다. 찾는 데 시간이 소요되고 공부하는 데 시간이 걸릴 뿐입니다. 『경제학 원론』 같은 전문서적도 있지만 『경제학 콘서트』 같은 실용서도 있습니다. 그릿, 넛지, 기브앤테이크, 스케일, 사피엔스처럼 요즘은 전문가들도 대중의 눈 높이에 맞추어 책을 쉽게 쓰는 분위기입니다.

우리는 다양한 이야기 속에서 인사이트를 찾고 제대로 된 정보를 취해야 합니다. 정말로 정보를 주려고 하는 것인지, 홍보를 하는 것인지, 자랑을 하는 것인지 어느 정도는 파악을 해야 합니다. 특히 낚시글에 주의해야 합니다.

똑같은 정보를 들어도 활용은 제각각이다

친절한 것과 고급 정보는 상관관계가 없습니다. 어떤 사람의 글을 보니 트리거님 덕택에 주식으로 돈을 벌었다고 합니다. 트리거님은 분명 모든 사람에게 정보를 줬는데 왜 누구는 돈을 벌고 누구는 벌지 못했을까요? 똑같은 정보를 듣고도 아는 만큼 보이고 수용할 수 있는 범위 내에서 정보를 소화하기 때문입니다.

최근에 부동산 스터디 카페에서 읽은 글 중에 10년쯤 전에 제주도 투자를 한 분의 이야기가 기억에 남았습니다. 저도 2012년에 제주도 여행을 갔을 때 제주도에 투자하고 싶은 마음이 들었습니다. 그래서 부동산을 알아봤더니 이미 많이 올라 있었습니다. 그래서 '제주도가 이미 많이 올랐네.' 하고서는 잊고 있었습니다. 그런데 이후 지금까지 제주도는 줄기차게 올랐습니다. 아니, 더 오를 것 같습니다.

그분은 이미 제주도가 뜨기 전에(2008년인가 2009년에), 제주도에 10억 원 가까이 투자를 했습니다. 이후 이효리 등 제주살이를 하는 사람이 많아지고 제주도가 핫해져, 지금 그분은 자산 100억 원 이상의 부자가 되었습니다. 부동산 스터디 카페 회원들 중 그분 글을 읽은 사람이 몇 명이나 될까요? 기억은 할까요? 몇 명이나 인사이트를 얻고 실천했을까요?

또 다른 한 분은 기업에서 다른 사람들보다 승진도 빨리 하고 지금은 해외 법인에 계시는 듯한데, 주로 강남에 투자하는 것 같습니다. 그분은 연륜에 걸맞게 매우 큰 그림을 보고, 자신의 경험에 기초하여 앞으로 10년, 20년 동안 대한민국 부동산이 어떻게 나아갈지에 대한 혜안을 가지고 있습니다. 그분 눈에는 우리나라 부동산 발전상이 이미 다 보이는 듯합니다. 그분 글을 몇 명이나 기억할까요?

아는 만큼 배우게 된다

우석님이나 트리거님 글을 읽으면서도 다 다르게 받아들입니다, 빠숑의 책을 읽어도, 홍춘욱 박사의 유튜브를 보고도 다 다르게 받아들일 것입니다. 결국 각자가 아는 범위만큼 받아들이는 것입니다.

그러니 제 글을 읽으면서도 경계해야 합니다. 제 글을 읽고 있다면 이제 겨우 부동산 초보 단계를 벗어나는 겁니다. 교과서로 따지면 개념 이해 및 체크테스트 정도 끝났다고 보면 됩니다. 앞으로 중단원 마무리 문제, 대단원 마무리 문제가 남았습니다. 실전 파이널 문제집도 남았습니다. 파이널 문제를 풀면 끝날까요? 경시대회 문제집이 남아 있습니다.

교과서 개념 이해를 잘하고 기본 문제만 풀고 가도 정석대로 열심히 공부했다면 학교 시험에서 80점은 나옵니다. 80점의 성적으로 부동산 투자를 하면 대박은 아니지만, 저처럼 중박은 이루어 낼 수 있습니다. 물론 그 정도로 세상을 살아가도 괜찮습니다.

그런데 부동산을 통해 만난 후배들을 보면 저보다 기간이나 경력이 짧지만 더 많이 성공한 사람이 있습니다. 그들은 교과서에 만족하지 않고 실전 파이널 문제집도 풀고 경시대회 문제집도 푼 것입니다. 본인의 실력을 100점짜리로 만들어서 부동산 시장에 도전한 겁니다. 이런 친구들은 발전이 무지하게 빠릅니다.

글을 읽고 정보를 들은 후 거기서 멈추면 안 됩니다. 더 많이 찾아나서야 합니다. 부동산 스터디 카페를 찾는 이유는 집단지성이 결국 승리하기 때문입니다. 정보의 보고에서 금을 찾을지, 진주를 찾을지, 다이아몬드를 찾을지는 각자가 선택하는 겁니다.

오늘도 저는 진주를 캐기 위해 공부합니다. 여러분도 많이 캐고 부자가 되길 바랍니다. 또한 누군가는 꼭 다이아몬드를 캐길 바랍니다.

11
부동산 관련 정책에 대하여

국토부 9.13 대책 관련하여

국토부에서 9월 13일에 발표한 「주택시장 안정 방안」에는 실수요자에게 좋은 이야기가 많습니다.

우선은 '투기과열지구 3억 원 이상 주택' 구매에 대해서 현행보다 깐깐하게 자금조달계획을 살펴보고 다주택자 조사를 강화한다고 합니다. 저 같은 다주택자들은 잘못한 게 없어도 일단은 집 사는 것을 좀 멈춰야 할 것 같습니다.

주택시장이 너무 꽁꽁 얼어 있어도 좋지 않기 때문에 시장이 위축되면 또 임대사업자들에게 인센티브를 주면서 집을 사라고 독려할 것입니다. 투기 수요가 다소 차단되면 실수요자들에게 매물이 돌아갈 테니 조금은 숨통이 트일 것입니다. 물론 서울에 투기세력이 얼마나 있는지는 아무도 모릅니다.

그리고 가격 담합이나 허위 실거래가격 신고 등에 대한 처벌을 강화한다고 합니다.

실수요자에게 좋은 소식들

주택청약을 할 때 부적격 당첨이나 부정 당첨에 대한 관리도 강화한다고 합니다. 부적격 당첨은 자격이 안 되는데 자격을 조작해서 당첨이 되는 것이고, 부정 당첨은 예를 들면 청약 통장 매매라든지, 대리인을 내세워 당첨된 후에 그 분양권을 매수하거나, 저소득층이 아니면서 저소득층으로 위장한다든지 하는 것을 말합니다.

이렇게 주택 청약에 대한 관리가 강화되면 그 혜택은 실수요자들에게 옵니다. 특히 이번 정책에서 아주 좋은 것이 하나 있는데, '20년간 청약 당첨-전매만 반복하고 주택을 소유하지 않는다면 청약 시 무주택 기간은 20년으로 인정되어 지속적으로 청약 당첨 가능성 높음'이라는 내용입니다.

앞으로는 분양권이나 입주권 소유자가 되면 무주택자에서 제외한다는 것입니다. 이렇게 되면 청약 가점이 다소 모자라더라도 앞 순위 당첨자들부터 순차적으로 무주택 기간이 사라지면서, 결국 당첨 순위가 앞당겨지게 됩니다.

따라서 청약이 진행되면 될수록 가점 높은 당첨자들이 사라지면서 청약 경쟁률이 떨어지게 됩니다. 청약에 당첨되었다가 마음에 들지 않아 포기하는 건 상관없으나, 현행 제도에서는 청약 당첨을 포기하면 1년 제한을 두어 청약 경쟁률이 점차 낮아지는 효과가 생깁니다. 그러다 보면 무주택자인 사람들에게 기회가 옵니다. 일단 청약 당첨 후 계약을 하고 소유하다가 분양권을 팔게 되면, 파는 순간부터 무주택자 기간이 다시 시작됩니다. 다음 순번의 사람들이 상대적으로 훨씬 무주택 기간이 길어집니다. 이렇게 도미노 형식으로 한 명씩 빠져나가다 보면, 결국 자기에게 청약 당첨 기회가 돌아온다고 생각하면 됩니다.

그런데 이 조항은 정부가 얼마나 많은 집을 공급할 것인가가 관건입니다. 아무리 제도가 좋아도 공급이 수요에 미치지 못한다면 이 대책은 무용지물입니다.

그나마 청약제도 시스템이 보다 투명해졌으니, 청약통장을 가지고 있는 무주택자들은 희망을 좀 더 가져 볼 만합니다. 그런 의미에서 재개발, 재건축도 좀 활발히 되면 좋겠습니다. 서울의 경우 재개발만큼 확실한 주택 공급도 없으니 말입니다.

마지막으로 분양 추첨제 당첨자 선정 시에도 무주택자를 우선한다고 합니다. 실수요자 중에서도 무주택자들이 이번 대책의 최대 수혜자입니다. 추첨제 비율은 다음과 같습니다.

- 투기과열 85m² 이하 0%, 85m² 초과 50%

- 조정대상 85m² 이하 25%, 85m² 초과 70%

- 기타 지역 85m² 이하 60% 이상 지자체 결정, 85m² 초과 100%

우선 1순위 청약이 우선입니다. 청약에서 떨어질 경우, 무주택자를 우선하는 추첨제도가 있으니 꼭 도전하길 바랍니다. 이렇게 되면 미분양이 되지 않는 이상 유주택자들은 청약 시장에서 당첨되기는 사실상 불가능해집니다.

9.21 수도권 주택공급 확대 방안 관련하여

9월 21일에 발표된 「수도권 주택공급 확대 방안」을 아주 주관적으로 해석해 보겠습니다.

정부는 지난 10년보다 최근 3년 사이에 분양이 증가했다고 하며, 앞으로 5년간도 서울과 수도권 주택 수급(수요와 공급)은 안정적일 것이라고 전망하고 있습니다.

발표 자료를 보면 '수급이 안정적이다.'까지는 모르겠으나 공급은 충분히 안정적일 것 같습니다. 단 많은 사람이 원하는 서울 공급은 여전히 부족할 것입니다. 서울과 수도권의 공급량이 큰 차이를 보이는데, 서울 공급은 영원히 부족할 수도 있습니다.

서울에 더 많은 집을 지으면 되지 않느냐고 반문할 수 있습니다. 그런데 이는 국토의 균형적 발전 계획 안에서 생각을 해야 합니다. 서울에만 집을 고밀도로 지어서 도시가 포화되고 복잡해지는 상황이 되어서는 안 되니까요.

그러니 우리가 생각을 바꿔야 합니다. 희소성이 있는 것들은 집뿐만 아니라 세상의 모든 것이 가치를 지니기 때문입니다. 자동차도 그렇고, 시계도 그렇고, 다이아몬드, 미술품 등 모든 것이 그렇습니다.

미술품 경매 시장에서 과거의 가격을 깨고 새로운 가격에 거래되었다는 뉴스를 본 적 있나요? 우리 이야기가 아니고 딴 나라 이야기 같은가요? 서울 핵심 지역의 아파트 가격 갱신도 그런 시각으로 바라봐 주는 게 좋을 것 같습니다.

이는 양극화라는 말과 일맥상통합니다. 돈이 너무 많아서 사치를 해도 되는 사람들은 더 좋은 입지, 더 좋은 아파트라고 주장하며 최고가의 집을 향해 달려갈 겁니다. 저 같은 사람은 '왜 저렇게 비싼 집을 사려고 하지?'라고 생각하며 구경할 테고요.

자동차를 산다고 가정해 볼까요? 요즘은 차를 살 때 가성비 소비를 많이 합니다. '돈이 없어서 못 사는 게 아니고 나한테 적당하니 이 차를 사는 거다. 옷도 그렇고 가방도 그렇다. 마음먹고 명품 사려고 하면 산다. 근데 사치하기 싫어서 샤넬 사려다 구찌 사고, 빈폴 사는 대신 유니클로 사고, 골든구스 사는 대신 그냥 나이키 사는 거다.' 식이지요.

집도 눈높이를 맞출 필요가 있습니다. 서울 안에서도 조금만 외곽으로 빠지면, 서울 안이 버거우면 서울과 바로 이웃한 지역으로 빠지면 집값은 안정적입니다. 집을 실거주뿐만 아니라 투자의 수단으로 생각하니 셈법이 복잡해집니다. 실거주 하나만 생각한다면 의외로 쉽게 방정식을 풀 수 있습니다. 찾아보면 가성비가 좋은 집들이 있습니다. 미분양, 빈 집들도 지속적으로 늘어나고 있습니다.

정부의 공급 정책 기조
정부가 '양질의 저렴한 주택'을 지속적으로 공급한다고 합니다. 우리

나라 건설업은 세계 최고 수준이기 때문에 당연히 '양질의' 아파트는 가능합니다. 문제는 '저렴한'입니다. 강남 아파트가 비싼 이유는 대부분 대지가 차지하는 비용 때문입니다.

그렇다면 양질의 저렴한 아파트를 공급할 수 있는 방법은 하나입니다. 즉 대지가 싼 곳이어야 합니다. 대지 가격이 낮으려면 허허벌판, 땅값이 싼 곳에 신도시를 만들어야 합니다. 그래서 기존 도시를 키우는 방식보다 새로운 신도시가 출현하는 방식으로 주택이 공급되는 겁니다. '과연 이 새로운 신도시가 살기 좋으냐?'가 관건이 됩니다. 객관적 가치 판단과 주관적 가치 판단을 총동원해야 할 지점입니다.

정부의 공급 정책 방향

추진 방향을 보면 1기 신도시와 서울시 사이에 주택을 공급한다고 합니다. 이렇게 되면 서울을 원하는 수요도 일부 수용하고 1기 신도시 거주민도 일부 수용하게 됩니다. 그러면서 서울-새로운 신도시-1기 신도시가 나란히 집값을 형성하게 됩니다.

1기 신도시 유주택자 입장에서는 집값이 다소 떨어질 수도 있으니 항의가 나올 법한 대목입니다.(이런 부분의 갈등 조정은 정부가 해야 할 몫이요 딜레마입니다.) 이 부분은 신혼부부들이 주목해야 할 내용입니다. 신혼부부 청약 조건을 잘 확인해서 도전해 보면 좀 더 수월하게 분양을 받을 수 있습니다.

아파트에만 관심을 가지는 사람들은 '도심 내 주택 공급 확대' 부분을 눈여겨보지 않을 가능성이 큽니다. 빌라, 다세대, 다가구 등 주택밀집지역에 사는 사람들은 눈여겨보면 좋겠습니다. 특히 재개발은 탐탁지 않은데 소규모로 집은 새로 짓고 싶다면 더욱 자세히 읽어 보기 바랍니다.

지금도 서울의 주상복합이나 주거형 오피스텔은 가격이 꽤 괜찮은 편입니다. 아파트가 꼭 최선의 대안은 아닐 수 있습니다. 그래서 주상복합이나 주거형 오피스텔 짓기가 더 수월해지는 것은 자신의 라이프스타일에 맞춰 집을 고를 수 있는 영역이 확대되고 있다고 봐야 합니다.

1인 가구가 많아지면서 소형 주택이 많이 필요한데, 이런 부분에 대한 해결을 도시 규제 완화를 통해 유도하는 듯합니다. 아파트보다 저렴한 빌라, 다세대 주택들도 지속적으로 보급되어야 하기 때문에 재개발 같은 대규모 개발 사업 대신 가로주택사업의 조건을 완화하고 준주거지역 용적률을 높이기로 했습니다. 이렇게 되면 준주거지역의 노후된 주택들을 허물고 고층 빌라를 짓는 사업이 더 활발해질 것입니다. (지금도 빌라 건축은 활발한 편인데, 이럴 때 잘 찾으면 가성비 좋은 빌라를 구입할 수 있습니다. 공급은 많은데 수요가 적으면 가격은 내려가니까요.)

9.21 수도권 주택공급 확대 방안에 대한 총평

전체적으로 보자면 서울 일부 지역을 발표한 것은 구색 맞추기 같습니다. 서울에서 폭등이 일어나 대책을 발표하는 것인데, 서울을 언급하지 않고 수도권 이야기만 하면 이상할 테니까요.

무엇보다 자신의 자본에 맞춰서 어디가 적당한지 객관적으로 지역을 평가하는 것이 중요합니다. 실수요자들, 특히 무주택자들은 신도시 청약을 노려야 하니, 분양 공고가 언제 올라올지 시기를 잘 점검해야 합니다.

저 같은 투자자 입장에서는 '도심 내 주택공급 확대' 방안에 제일 눈길이 갑니다. 예전에는 용적률 200~300%에도 신축을 했는데, 용적률을 더 상향시켜 주거나 인센티브를 준다면 집장사 하는 사람들에게는 신나는 정책입니다. 물론 노후주택을 가진 사람들에게도 희망적인 뉴스입니다.

신도시 거주를 희망하지 않는다면 꾸준히 서울을 공략해야 합니다. 조금 더 비싸더라도 서울에 있는 집을 살 것인지, 말 것인지는 전적으로 선택의 문제입니다. 서울 집값이 폭락할 가능성은 제로에 가깝습니다.

실수요자 입장에서는 급매물이나 천천히 나오기 시작하는 매물들을 충분히 보고 매수를 해도 늦지 않습니다. 누구도 경제의 급격한 추락, 경착륙은 원하지 않습니다. 부드럽게 연착륙하기를 희망합니다. 세계 경제 위기나 한국 경제 위기에 의해 가격이 조정(10~20%)될 수 있다는 것을 항상 염두에 두어야 합니다.

「수도권 주택공급 확대 방안」을 통해 무엇을 알 수 있느냐 하면, 서울 모든 지역이 아파트로만 뒤덮일 수는 없다는 겁니다. 아파트도 있고, 오피스텔도 있고, 주상복합도 있고, 다세대·빌라·다가구·상가주택 등도 있어야 한다는 겁니다. 이런 큰 틀에서 '나는 어디서 살아 갈 것인가? 어디에 투자할 것인가?'를 고민해야 합니다. 개인적으로는 투자 이익을 크게 고려하지 않고 거주의 쾌적성을 생각한다면 역세권 주상복합도 훌륭한 주거지가 될 것 같습니다. 가성비가 좋다는 말입니다.

12
레버리지와 헤지

레버리지와 친해지자

레버리지(leverage)와 헤지(hedge) 두 단어는 실거주를 하든, 투자를 하든 반드시 알아야 할 단어입니다. 저는 이 두 단어를 이해하는 데 시간이 참 많이 걸렸습니다. 이 두 단어를 이해하고 난 후에 '왜 이 두 단어를 받아들이는 데 시간이 오래 걸렸을까?' 곰곰이 생각해 봤습니다.

이미 답은 나와 있었습니다. 저는 이 두 단어를 받아들이려고 하지 않았습니다. 낯설게 느껴졌기 때문입니다. 이런 단어는 실거주를 생각하는 사람들에게는 낯섭니다. 실수요자들은 '은행 융자 받아 집을 사면 된다.'라고 말을 하지, '은행 대출을 레버리지로 활용하자.'라는 말은 사용하지 않습니다.

알고 보니 융자받아서 샀던 집들이 다 레버리지를 활용한 것이었습니다. 상가 1억 7,000만 원짜리 매매를 예로 들어 보겠습니다. 보증금 2,000

만 원을 제외한 1억 5,000만 원을 현금으로 주고 샀다면, 월세 100만 원 곱하기 12개월 해서 연 1,200만 원, 수익률은 8%가 됩니다.

그런데 융자 1억 원을 이율 4%로 받아서 레버리지로 활용하면, 자본 5,000만 원으로 은행 이자 월 34만 원을 제하고 월 66만 원, 연간 약 800만 원, 수익률 16%를 올리게 됩니다. 레버리지를 활용하자 수익률이 2배로 뛰게 된 것입니다. 이렇게 실생활에서 레버리지를 충분히 활용하고 있었는데, 단지 용어에 대한 거부감이 있었던 겁니다.

헤지와도 친해지자

헤지는 쉽게 말해 '위험을 해지하는 행위'라고 생각하면 됩니다. 영어 헤지는 한글 해지(解止)와 아무런 관련이 없는 단어이지만, 외우기 쉬우라고 '헤지는 위험을 해지하는 행위다.'라는 문장을 만들어 봤습니다.

헤지는 위험을 분산시키는 행동 내지 전략입니다. 투자금이 있는데 주식은 왠지 떨어질 것 같고 금이 오를 것 같다면, 주식에 모두 투자하지 않고 주식 절반, 금 절반으로 투자하는 방식입니다. 올해 들어 주식 시장은 주춤한 상태이고 부동산 시장은 자산 헤지의 개념으로 계속해서 돈이 유입되고 있습니다. 부동산이 안전자산이라는 뜻입니다. 부동산은 돈을 투자해도 잃지 않는 안전자산이다 보니, 자산가들은 투자처로서 주식이나 채권, 원자재 등이 마땅히 보이지 않을 때 부동산을 삽니다.

기본적으로 돈은 굴려야 합니다. 1년에 3% 정도의 수익은 나야지 돈의 가치가 물가 상승률만큼 하락하는 걸 막을 수 있습니다. 그러니 장롱 속에 돈을 가만히 넣어 놓고 있다면 매년 물가 상승률만큼 손해를 보고 있는 것입니다.

자산가들이 부동산 투자에 열을 올릴수록 부동산 가격은 올라갑니다. 거기에 실수요자 매수가 붙으면 아파트 가격은 더 올라갑니다. 아파트는 계량화하기에 가장 좋은 부동산 투자처입니다. 단독주택, 토지, 상가보다 환금성이 뛰어납니다. 아파트는 언제든 팔 수 있습니다. 불경기에도 급매로 매도가를 낮춰 내놓으면 팔립니다. 토지는 급매로 내놓아도 임자가 없으면 잘 팔리지 않습니다. 이것이 환금성의 차이입니다.

레버리지, 헤지를 알아야 하는 이유

레버리지, 헤지 같은 용어를 알아야 하는 이유는 실수요자들이 경쟁해야 할 사람들이 금융업 종사자들, 지식이 해박한 은행의 PB들이기 때문입니다. 그렇지만 PB들이라고 모든 분야에 해박한 것은 아닙니다. 특히 단독, 다가구, 상가, 빌라 등에 대해서는 잘 모릅니다.

결정적으로 부동산은 몸으로 경험한 사람이 최고입니다. 자신의 전 재산을 걸고 한 해, 한 해 시장을 몸으로 느낀 사람하고 지도로, 뉴스로, 차트로 시장을 느끼는 사람은 다를 수밖에 없습니다. 그래서 PB들은 함부로 지역 현안이 복잡하게 얽혀 있는 재개발 시장에 들어오지 못합니다. 가격 흐름이 불규칙적인 단독, 다가구, 빌라 시장에 대응하기 어렵습니다. 그렇기에 그곳은 또 다른 투자의 기회가 되는 것입니다.

　나와 경쟁하는 사람은 레버리지와 헤지를 상황에 맞춰 자유자재로 사용하고 있음을 몸으로 느끼고 머리로 알고 있어야 합니다. 무조건 빚은 좋지 않은 것이라고 생각하면 은행 대출은 말 그대로 '빚' 그 이상 그 이하도 아니게 됩니다. 그러나 레버리지를 활용한 전략으로 생각하면 은행 대출은 빚이 아니라 성공의 발판, 지렛대가 됩니다.

　금융업 종사자들은 주식과 달러, 채권, 원자재, 부동산 등 다양한 포트폴리오를 가지고 헤지를 하는데, 실수요자들은 오로지 집 하나만 목표로 부동산 사이클을 보고 있다면, 그들의 박자감을 따라갈 수가 없습니다. 우리가 오직 실거주용 부동산 하나만 원할지라도 매수, 매도를 위해서는 그들과 발을 함께 맞추어야 합니다. 세계 경제의 흐름, 한국 경제의 흐름, 각각의 투자 자산 속에서 부동산이 차지하는 비중 등을 살펴봐야 하는 이유입니다.

　저는 증권투자상담사 자격이 있는데도 주식 투자는 하지 않고, 오로지 부동산 하나만 바라보며 달렸습니다. 되돌아보면 매우 위험한 전략이었습니다. 그럼에도 불구하고 부동산은 꾸준히 상승했고, 저는 팔지 않았기에 투자에서 작은 성공을 거둘 수 있었습니다. 만약에 거시경제를 옛날부터 알고서 다양하게 살펴보며 투자를 했다면, 상황이 어떻게 변했을까 상상을 해 보곤 합니다.

　금융업 종사자들처럼 투자하지 않더라도 생각은 그들처럼 해야 합니다. 그래야만 그들의 자산이 왜 주식으로 흘러가는지 혹은 부동산으로 흘러오는지, 왜 지금은 부동산이 비수기이고 하락기인지, 왜 지금은 부동산이 성수기이고 상승기인지 이유를 알 수 있습니다.

거시경제 흐름도 꼭 챙겨 보자

레버리지, 헤지와 더불어 거시 경제 흐름을 꼭 챙겨 볼 것을 권합니다. 그 다음이 부동산 경기 흐름이고, 자기가 살고 싶은 지역에 대한 분석입니다. 우리는 종종 거꾸로 접근합니다. 지역을 고르고, 이 지역이 정말 좋은지 살펴보고, 그 다음에 이 시점에서 집을 구입해도 되는지 부동산 경기를 살핍니다.

지금부터는 거꾸로 해야 합니다. 작은 것부터 시작해서 큰 것을 보는 게 아니라, 큰 흐름에서 작은 흐름으로 가야 합니다. 그런 의미에서 지금은 어떤 구간을 지나고 있는 걸까요?

저는 2017년 상반기 이후로 집을 더 이상 매수하지 않고 있습니다. 실수요자 입장에서 지금 시장 흐름은 참 어렵습니다. 제가 조언할 수 있는 것은 (저는 잃지 않는 투자, 안전한 투자를 추구한다고 누차 말씀드렸지만) 아파트를 꼭 사야 한다면 덜 오르더라도 덜 내리는 아파트를 살 것을 추천합니다.

헤지의 개념에서 본다면 지금은 아파트보다 단독, 다가구 등 땅이 있는 집을 봐야 할 시점입니다. 이것은 저의 아주 주관적인 의견이기 때문에 다른 전문가들의 의견과 궤를 달리 할 수 있습니다. 이 정도가 부담 없이, 그럼에도 불구하고 용기를 내어 겨우 할 수 있는 조언입니다.

13
자산 100억 원의 의미

연봉 1억 원을 꿈꾸던 시절

예전에는 연봉 1억 원을 꿈꾸는 사람이 많았습니다. 연봉 1억 원을 받으면 뭐든 할 수 있을 거라 생각한 겁니다. 그도 그럴 것이 연봉 1억 원을 몇 년 모으면 마포에 있는 아파트 한 채를 살 수 있었습니다. 조금 더 모으면 강남에 있는 아파트도 살 수 있었습니다.

그런데 몇 년 전부터 상황이 바뀌었습니다. 최저 임금도 계속해서 오르고, 물가도 상승했습니다. 웬만한 대기업 과장, 부장 연봉이 1억 원을 넘어서거나 1억 원 언저리가 되었습니다. 더 이상 1억 원은 꿈의 연봉이 아닙니다.

예전에는 자산 10억 원이면 재력이 양호하다고 생각했습니다. 고위 공직자 인사청문회를 봐도 10억 원 전후로 재산을 가진 사람이 많았습니다. 그런데 요즘은 20억 원 전후를 보유하고 있습니다.

이제 자산 10억 원은 대수롭지 않은 세상이 되었습니다. 우리는 부동산 이야기를 하고 있으니 부동산이 10억 원 있다고 칩시다. 매년 3%씩 경제는 성장합니다. 부동산도 함께 성장한다고 가정하면, 10억 원의 부동산은 매년 3,000만 원을 안겨 줍니다.

레버리지를 이용해 보겠습니다. 10억 원의 순자산을 쪼개서 2억 원 갭투자를 이용하여 매매가 10억 원, 전세보증금 8억 원 아파트 5곳으로 투자합니다. 부채를 포함한 자산은 50억 원으로 늘어나고, 50억 원으로 늘어난 부동산은 매년 3%씩 1억 5,000만 원을 안겨 줍니다.

이처럼 레버리지를 이용하지 않고 10억 원을 투자한 사람과 레버리지를 이용해 부동산을 투자한 사람은 몇 년 후 자산의 증감에 많은 차이를 보이게 됩니다. 물론 이는 최상의 장밋빛 미래로 현실과는 차이가 있을 수 있습니다. 저는 갭투자를 장려하는 게 아닙니다. 100억 원의 자산이 무엇을 의미하는지 말하려고 단순한 예를 들었을 뿐입니다.

100억 원 자산이 있다면

부채를 포함하든 포함하지 않든 100억 원의 자산을 가지면 어떻게 될까요? 3%씩 성장한다고 하면, 매년 3억 원씩 자산이 불어나게 됩니다. 양극화가 심해지는 이유와 부자들이 왜 계속 부자로 살아가게 되는지 어렴풋하게 그림이 그려지지요?

넉넉하지는 않더라도 밥 굶지 않고 적당히 문화생활도 하며 생활할 경우, 생활비로 1년에 5,000만 원을 쓴다고 합시다. 그러면 자산 100억 원 부자들은 아무 일을 하지 않고 그냥 있어도 1년에 2억 5,000만 원이 쌓입니다. 생활비를 1년에 1억 원으로 높여도 마찬가지입니다. 매년 2억 원이 쌓입니다. 그러니 자산 100억 원이 있으면 더 이상 일을 하지 않아도 돈이 돈을 버는 궤도에 오르게 됩니다.

그래서 누구나 100억 원 자산을 가지고 싶어 합니다. 그런데 경기가 상승할 때는 좋은데, 경기가 하락하면 어떻게 될까요? 우리나라 경제성장률이 마이너스였던 적은 거의 없으나 부동산이 하락기로 접어든다면, 앞서 예를 든 순자산 10억 원을 갭투자하여 자산 50억 원으로 불린 사람은 어떻게 될까요? 매년 3%씩 4년을 까먹었다고 가정해 보겠습니다.

1억 5,000만 원씩 4년이 마이너스되었으니 총합이 6억 원입니다. 여기에 엎친 데 덮친 격으로 집값이 내려가면 전세 가격도 내려갑니다. 세입자에게 보증금을 일부 돌려줘야 합니다. 돌려 막기를 하다가 더 이상 견딜 수 없게 됩니다. 그래서 갭투자하다가 파산한 이야기가 뉴스에 나오게 됩니다.

일단 부채 여부를 떠나서 자산의 크기가 큰 것은 중요합니다. 요즘처럼 부동산 상승장에서는 더욱 그렇습니다. 레버리지 투자를 극대화한 사람들 중에 누군가는 분명 이번 상승장에서 대박이 났을 겁니다. 20~30억 원을 벌었을 수도 있습니다. 지나고 나면 다들 나도 저렇게 할 걸 말하지만, 실제로 저렇게 실행한 사람을 주변에서 본 적 있나요? 거의 없습니다. 이론과 실제는 다르기 때문입니다. 이론상으로는 누구나 부동산 부자, 주식 부자가 될 수 있습니다.

부동산 하락기에는 어떻게 해야 할까요? 보수적으로 접근해야 합니다. 전세보증금 일부를 돌려줘야 할 상황도 고려해야 합니다. 다행히 현재 서울 부동산의 전세가율은 보수적입니다. 누군가는 낮은 전세가율이 앞으로 높아질 거라 예상합니다. 전세가율이 높아진다는 것은 집값이 내려갈 가능성이 낮다는 것을 의미합니다. 전세 보증금이 높아져서 전세가율이 높아지는지, 매매가격이 내려가서 전세가율이 높아지는지 지켜봐야 할 부분입니다.

100억 원의 포트폴리오를 어떻게 구성할 것인가요? 우선은 부채가 50%를 넘어가지 않는 선에서 운영하는 게 좋습니다. 이것은 주관적인 판단입니다. 딱히 이유가 있는 건 아니고 안전한 투자를 지향하기 때문입니다. 전세와 월세도 적절히 섞어서 임대를 놓으면 좋습니다. 혹시라도 하락기에 전세가격이 내려가더라도 월세를 전세로 전환해서 메울 수 있기 때문입니다. 은행 대출도 전체 자산의 40%를 넘기지 않는 것이 좋습니다. 그렇다면 결론은 100억 원 자산을 운영할 때 적어도 자기 자본, 순자산이 50억 원 정도는 되어야 한다는 계산이 나옵니다.

부동산은 1, 2, 3, 4, 5억 원으로 늘어나는 게 아니라 1, 2, 4, 8, 16억 원으로 늘어납니다. 집을 하나만 가지고 있으면 1, 2, 3억 원으로 자산이 늘지만, 다주택일수록 1, 2, 4, 8억 원으로 늘어납니다. 다시 한 번 강조합니다. 줄어들 때도 1주택이면 3, 2, 1억 원으로 줄어드는데, 다주택은 8, 4, 2, 1억 원으로 줄어듭니다. 대박이 빨리 찾아오듯 쪽박도 빨리 찾아옵니다. 항상 리스크를 관리해야 한다는 말을 하고 싶습니다.

지금까지 한 말을 요약하면 다음과 같습니다.

1. 부채를 포함하든 포함하지 않든 부동산 100억 원 자산은 의미가 있다.

2. 경제성장률이 3%일 때 100억 원 자산은 매년 3억 원을 안겨 준다.

3. 100억 원 자산이 있으면 과소비하지 않는 이상, 자산이 자산을 만드는 궤도에 오르게 된다.

여러분은 어떤 의미로 100억 원 자산을 목표로 하나요? 혹은 동경만 하나요? 돈을 벌고 싶다는 것은 결국 잘 먹고 잘 살고 싶다는 의미입니다. 자고 먹고 입는 일보다 중요한 일이 뭐가 있나요? 얼마나 잘 먹고 잘 입고 잘 잘 것인가를 고민하다 보니, 100억 원이라는 목표까지 눈이 간 것입니다. 목표 자체가 목표가 되어서는 안 됩니다. 목표가 어떤 가치를 주는지 생각하고 자기에게 맞는 목표를 설정해야 합니다.

생각해 보면 굳이 100억 원일 필요도 없지 않나요? 10억 원, 20억 원만 있어도 행복할 것 같지 않은가요? 맞습니다. 본인에게 맞는 목표를 정하고 그 목표를 이루었다면 당신은 행복한 사람입니다.

PART 3

부동산 시장으로 나가
직접 부딪쳐라

- 실전 편 -

01
실전 투자 사례

A씨 이야기

A씨는 직장인입니다. 지방이 고향인데, 동생도 서울에서 대학을 다녔기 때문에 둘이 살 집이 필요했습니다. 그동안 세를 살다가 2014년에 부모님의 도움으로 집을 매수하고자 했습니다. A씨에게 같은 구에 있는 ㄱ아파트와 ㄴ아파트를 추천했습니다. ㄱ아파트는 세대수가 많고(500세대 이상) 브랜드 아파트이지만 산이라고 해야 할지 언덕이라고 해야 할지 조금 오르막인데, 요즘 아파트로 치면 마래푸 언덕 제일 꼭대기 정도 수준이었습니다. 마을버스는 아파트 단지 바로 앞에서 탈 수 있고, 지하철역이나 시내버스 정류장은 걸어서 8분 거리에 있었습니다.

ㄴ아파트는 브랜드 아파트이지만 2동짜리 미니 아파트로 세대수가 적었습니다(200세대 미만). 같은 가격대에 평수는 ㄱ아파트보다 작았습니다만 평지인 데다 지하철역이나 시내버스 정류장까지 걸어서 5분 거리로

교통이 편했습니다.

ㄱ아파트 25평(방 3개 화장실 1개, 복도식)과 ㄴ아파트 22평(방 2개 화장실 1개, 계단식)의 가격은 층, 향에 따라 조금씩 차이는 있었지만 비슷했습니다.

저는 투자 측면에서 ㄱ아파트를 추천했습니다. 일단 주변에 대단지 아파트가 공사 중으로 개발호재가 있었습니다. 그 공사가 끝났을 때 신축 아파트 가격을 상상해 봤습니다. 구축 아파트는 신축 아파트와 일정 수준의 갭을 유지하면서 주변 단지 가격이 올라갑니다. 경희궁자이 옆 돈의문아파트가 그랬고, 가재울뉴타운의 삼성아파트가 그랬으며, 신촌숲아이파크 옆 신촌삼익아파트가 그랬습니다.

그리고 방 2개보다 방 3개가 유용하고, 가격이 오를 때도 방 3개가 더 많이 오를 수 있다고 조언했습니다. 그런데 A씨는 ㄴ아파트를 선택했습니다. A씨는 여성인데 그 당시 ㄱ아파트를 걸어서 다니려면 재개발되고 있는 삭막한 도로를 걸어야 했고, 밤에 철거된 그 동네를 걸어 다닌다는 것은 여성에게 조금 위험해 보였기 때문입니다.

B씨 이야기

B씨는 1억 원의 돈으로 아파트를 마련해야 했습니다. 자녀가 2명이어서 방 3개로 가기를 원했습니다. 작은 아이는 초등학생이라 학교가 가까우면 좋겠다고 했습니다. B씨로서는 선택의 여지가 없었습니다. ㄱ아파트 말고는 입주할 만한 마땅한 물건이 없었습니다. 제가 생각할 때 ㄱ아

파트는 투자가치가 꽤 있어 보였습니다.

아파트를 추천할 때 "당신이 가진 돈이 그것밖에 없으니 여기밖에 갈 수 없어."라고 말하면 추천하는 사람도, 추천받는 사람도 기분이 썩 좋지 않습니다. 그래서 1억 원으로 최대의 효과를 낼 수 있는 곳이라고 설명해 줬습니다.

2015년 당시는 융자가 70%까지 되었기 때문에 최대한 융자를 받으면 집을 살 수 있고, 초등학교가 단지 바로 옆에 있고, 주변 아파트 공사가 끝나면 가격도 어느 정도 함께 올라갈 것이고, 복도식이긴 하지만 방이 3개라서 아이 둘과 살기에 부족함이 없다고 조언했습니다.

B씨는 ㄱ아파트를 샀습니다.

ㄱ아파트와 ㄴ아파트의 시세는 어떻게 변했을까?

2015년까지 비슷한 가격 흐름을 보이던 ㄱ아파트 25평과 ㄴ아파트 22평은 현재 가격에서 조금 격차를 보입니다. 올해 상반기 기준으로 실거래가를 살펴보면, ㄱ아파트는 5억 5,000만 원, ㄴ아파트는 4억 5,000만 원 수준입니다. 부동산 상승기에는 어떤 아파트를 사더라도 가격이 올라가지만, 시간이 지나면서 ㄱ아파트처럼 숨은 가치를 품고 있는 아파트의 가격이 더 높아집니다.

ㄴ아파트의 가치도 여전히 좋습니다. 그러나 ㄴ아파트는 당시에도 그 가치가 반영되어 있었습니다. ㄱ아파트는 당시 당장은 주변이 지저분하

고 밤길이 위험해 보였지만 2년 후 신축이 완공되면 동네가 깨끗해지고 대단지 신축과 함께 아파트 단지를 형성하게 될 숨은 가치를 품고 있었습니다.

B씨는 ㄱ아파트를 3억 2,000만 원(대출 2억 2,000만 원, 자기돈 1억 원)으로 구입했으니, 1억 원의 투자로 실거주와 투자수익 2억 원을 덤으로 얻게 되었습니다.(2018년 9월 9일 현재 호가를 보니 6억 원이 넘었습니다.) A씨도 손해 보는 투자를 한 것은 아니니 실거주로 만족스러울 것이고 가격은 계속해서 오를 것입니다.

가치 투자란?

제가 말하는 가치 투자는 이런 것입니다. 같은 가격대의 아파트라도 미래의 가치는 다를 수 있습니다. 실거주와 투자수익을 모두 가지고 싶다면, 당장 눈에 보이는 아파트의 가치도 중요하지만 2~3년 후의 미래도 상상할 수 있는 눈이 필요합니다.

예를 들어 서부선 개발 사업이 있습니다. 이런 사업은 2~3년 후를 내다볼 수는 없습니다. 적어도 5~10년은 걸립니다. 그러나 홍대역에 올라가고 있는 애경백화점이 태영아파트에 어떤 영향을 줄지는 쉽게 그려집니다.

어떤 아파트가 앞으로 오를지 콕 짚어 달라는 요청을 받곤 합니다. 그런데 자기가 살 집을 왜 남이 짚어 주나요? 다른 사람의 조언을 들을 수는 있지만, 선택은 직접 해야 합니다. 그래야만 실거주의 만족도가 높고 투자에 대한 후회도 없습니다.

남에게 조언을 듣는 이유는 단순합니다. 혹시나 자기가 생각하지 못했던 가치나 기준이 있을까 점검해 보는 것입니다. 그래야 남들도 쉽게 조언해 줄 수 있습니다. 조언한 사람에게 책임을 전가하게 되면 한 번은 도움 받을 수 있어도 두 번은 도움 받지 못합니다.

집을 사기 전에 공부하세요. 1년도 좋고 2년도 좋습니다. 공부하는 사람이 최적의 집, 최상의 집을 가질 수 있습니다.

02
소액으로 집 사기

요즘의 집값은 정상이 아니다

2018년 9월, 아파트들이 난리입니다. 억이 쉽게 생기는 돈도 아닌데 1주일, 1개월 사이에 단위가 달라집니다. 말이 되나요? 1년에 경제는 3% 수준으로 성장한다는데, 아파트 가격은 어떻게 1개월에 3%씩 올라가나요? 서울 아파트는 지금 정상이 아닙니다. 그러나 지금 산다고 해서 손해를 보지는 않습니다. 폭등 후 폭락하더라도 10년 정도 가지고 있으면 제 가격으로 돌아올 것이기 때문입니다.

다른 측면에서 보면 그동안 아파트 가격이 너무 오르지 않았기 때문에 지금의 폭등 후에 몇 년 간은 가격이 횡보하다가 다시 올라갈 것이라는 주장도 있습니다. 경제가 원활하다면 후자 쪽에 힘이 더 실립니다.

가격은 올라가거나 내려가는 것 둘 중 하나입니다. 간단합니다. 언제나 아파트 가격은 내려가기도 하고 올라가기도 할 것입니다. 영원히 오르거나 영원히 내리는 일은 없으니 폭등시기에 집을 샀더라도 안심하세요. 언젠가는 올라가니까요. 집을 못 샀더라도 안심하세요. 언젠가는 내려오니까요.

집 투자에 정답이 있을까?

이전에도 아파트에서 사는 것이 쉽지 않은데 지금의 아파트는 더 버겁습니다. 주변을 보면 아파트는 쳐다보지 않고 평생을 빌라에서 거주하는 사람도 있습니다. 빌라에서 사는 것에 대해 불편함이 없습니다. 도리어 아파트 관리비를 아까워합니다. 그 말도 일리가 있습니다. 아파트 관리비를 아끼면 1년에 몇십 만 원에서 몇백 만 원은 절약할 수 있습니다.

집 투자에 정답은 없습니다. 스스로 중심을 잡아야 합니다. 어디에서 살고 싶은가요? 아파트든 빌라든 상관없이 집 옮겨 다닐 걱정하지 않고 살고 싶은 게 바람인가요? 언젠가는 꼭 아파트에서 사는 게 바람인가요?

자신의 꿈이 어디 있느냐에 따라 투자 전략이 달라집니다. 중요한 것은 스스로 '어떤 철학을 가지고 삶을 살아갈 것인가?'에 대한 대답을 찾아야 집 투자도 비로소 실마리가 풀리게 됩니다.

소액 투자의 관건은 타이밍

무리해서 아파트 월세를 살기보다 조금 멀리 내다보고 빌라에서 살겠다고 생각하는 사람이 있다면, 소액으로 얼마든지 투자할 수 있습니다. 증산2구역 같은 곳이 이제 빛을 보는 곳입니다. 다세대, 연립에 살면서 재개발이 완성되기만을 기다렸는데, 드디어 철거가 진행되었고 이제 착공을 앞두고 있습니다. 착공이 되면 일사천리로 진행되어 2년이면 건물이 올라갑니다.

증산2구역 다세대는 감정평가가 얼마나 나올까요? 1~2억 원 합니다. 초기에 프리미엄 없이 들어간 사람들은 1~2억 원에 다세대를 매입한 후에 실거주하면서 재개발을 기다렸습니다. 중반에 프리미엄을 1~2억 원 정도 주고 들어간 사람들은 다세대 매입에 2~3억 원을 투자하고 실거주했습니다. 지금은 프리미엄이 4~5억 원까지 올라갔습니다. 1억 원짜리 다세대를 가지고 있는 사람에게 프리미엄만 5억 원이 붙은 것입니다.

결국 소액 투자의 관건은 '재개발 구역에 프리미엄 없이 얼마나 빨리 들어가느냐?'입니다. 3년 전만 해도 아현1구역 가격은 그리 높지 않았습니다.(아현1구역은 정식 명칭이 아닌 가칭입니다.) 지금은 조합 설립 전인데도 마포에서 마지막 남은 재개발 구역이라고 소문이 나면서 가격이 껑충 뛰었습니다. 이런 곳이 또 어디 있을까요? 지도를 보면서 잘 찾아봐야 합니다. 실거주와 소액 투자를 한꺼번에 잡는 방법입니다.

소액 투자에 대한 소소한 조언

재개발은 바라지 않고 그냥 빌라에서 오래 살고 싶다는 사람도 있을 것입니다. 그럴 때는 앞에서 알려 준 월세 곱하기 30년 계산으로 집값을 추정해 보세요. 집값이 2억 원인데 월세를 놓으면 70만 원은 들어올 것 같다면 매입해도 안전합니다. 집값이 2억 원인데 월세를 놓으면 40만 원밖에 안 들어오는 집이라면 매입하지 않는 것이 좋습니다. 그런 집은 급할 때 바로 팔기가 어렵습니다. 빌라는 원래가 손 바뀜이 더딥니다. 아파트보다 수요는 적고 공급은 많기 때문입니다.

한 가지 팁을 더 주겠습니다. 상업지역-준주거지역-3종-2종-1종 순으로 용적률이 낮아집니다. 용적률이 낮으면 그만큼 땅의 가치가 떨어지게 됩니다. 같은 땅인데 10층까지 지은 빌딩이 3층까지 지은 빌딩보다는 훨씬 가치가 있지 않나요?

그런데 준주거지역임에도 불구하고 2~3종 수준으로 집을 지어 놓은 빌라들이 있습니다. 용적률을 다 써 먹지도 못한 집들입니다. 이런 집들은 훗날 허물고 다시 지을 때 현재 상태보다 몇 층 더 높게 지을 수 있습니다. 이런 집들은 주로 신축이기보다 구축입니다. 이런 구축 빌라는 사 놓으면 반드시 오릅니다. 땅의 가치가 높기 때문에 건물값은 0원이더라도 대지값이 계속해서 올라가게 됩니다.

집 투자에는 아파트만 있는 게 아니다

집을 구할 때 아파트만 볼 필요는 없습니다. 몇 억이 하늘에서 떨어지는 것도 아니니 내 사정에 맞게 집을 구하면 됩니다. 다세대(빌라)를 구입해도 쨍 하고 해 뜰 날이 있습니다. 아파트 부럽지 않게 더 많은 투자 수익을 올릴 수도 있습니다. 관리비가 특별히 없으니 아파트보다 1년에 몇 백 만 원 절약할 수 있습니다.

상대적 박탈감에 무리한 대출을 끼고 아파트를 사는 것보다 조금 멀리 내다보고 가치 있는 빌라에 투자하여 실거주하는 것도 소액으로 집을 사고 수익을 얻을 수 있는 방법입니다.

어딘가에 내 집은 반드시 있으니 걱정보다 희망을 가지고 찾아 나서 보세요.

용적률에 눈을 뜬 자,
준주거지역에 투자하라

투자 흐름		현재 시세	
매매가격	9,000만 원	1억 3,500만 원	
등기비용, 중개수수료 등	150만 원		
보증금	8,000만 원		
최초 순투자금	1,150만 원		
보증금 증액	1,000만 원		
현재 투자금	150만 원	투자 수익	4,350만 원

　부동산 투자를 하다 보면 용어들을 하나씩 배우게 됩니다. 비슷한 지역에 있는 A매물과 B매물의 가격이 차이 나서 물어보니 용적률이 다르기 때문이라는 말을 들었습니다. 우리가 흔히 접하는 용도로는 1종 주거지역, 2종 주거지역, 3종 주거지역, 준주거지역, 상업지역 등이 있습니다.

　주거지역의 경우 숫자가 높을수록 용적률이 높습니다. 1종은 200%, 2종은 250%, 3종은 300%로 용적률이 늘어나는데, 용적률이 높을수록 건축을 할 때 더 넓은 면적을 지을 수 있습니다. 대지의 크기는 그대로인 상태에서 더 넓게 지으려면 자연히 층이 높아지고, 임대할 수 있는 방의 개수가 많아집니다. 수익률이 좋아지는 것입니다. 상업지역의 용적률은 1,000% 이상 되기도 하는데, 역세권에 있는 높은 빌딩들이 이에 해당합니다. 준주거지역은 주거지역과 상업지역의 중간 형태로 500%까지 용적률을 허용합니다. 그러니 2종 일반주거지역과 준주거지역의 땅의 가치는 2배 정도 차이가 난다고 볼 수 있습니다.

용적률에 눈을 뜨게 되자, 저는 지도를 펴고 준주거지역을 찾아보았습니다. 그런데 역시나 대부분의 준주거지역은 집 가격이 이미 높게 책정되어 있었습니다. 그렇게 지도를 보며 무작정 찾다가 알게 된 준주거지역이 6호선 응암역 주변입니다. 방 2개가 있는 10평 수준의 작은 구축 빌라들이 준주거지역에 모여 있는 것을 발견하게 되었습니다. 대지는 5평 남짓이었는데, 구축이라 용적률을 200~300%밖에 사용하지 않아서 훗날 개발을 하면 현재 건물보다 더 높게 지을 수 있는 빌라들이었습니다.

어떤 빌라를 살까 고민하다가 임대를 원활하게 놓고자 반지하집은 제외하고 지상집들 중에서 시세가 낮게 측정된 빌라를 구입했습니다. 가격이 올라갈 때는 법칙이 있는데, 가장 좋은 물건이 앞에서 시세를 끌어 주기도 하지만, 가장 가격이 낮은 물건이 시세를 끌어올려 주기도 합니다. 잘 모를 때는 비슷한 상태의 물건 중 가장 싼 물건을 구매하는 것이 리스크를 줄이는 길입니다. 저의 예상은 적중했고 더 이상 응암역 주변 준주거지역에서 비슷한 조건의 빌라를 1억 원 이하로 구입하기는 힘들게 되었습니다.

03
부동산 중개업소와 관계 맺기

부동산 중개업소 사장님들과
어떤 관계를 맺어야 할까?

부동산 중개업소와 관계 맺기에 대해 이야기해 보겠습니다. 부동산 중개업소 사장님들과 좋은 관계를 맺는 것은 거래에서 매우 중요합니다. 처음 거래할 때는 그저 조심스럽고, 자신의 정보를 사장님에게 말하는 것도 꺼리게 되고, 그분이 내게 허위 매물을 내놓는 건 아닌지, 값을 더 올려 받는 건 아닌지, 중개료를 다 받을 생각인지 등 본질보다 언저리를 생각하게 됩니다.

부동산 중개업소 사장님들도 다 똑같은 사람입니다. 내 친구일 수도 있고, 형, 삼촌일 수도 있습니다. 부동산 중개업소 사장님들도 집에서는 누군가의 아빠이고 누군가의 형이며 누군가의 친구입니다. 다른 세계에 사는 사람이 아닙니다.

저는 첫 번째 투자에서 큰 실수를 했습니다. A부동산을 통해 A주택을 보고 마음에 든 상태에서 같은 지역에 다른 매물이 있는지 더 살펴보려고 B부동산을 갔습니다. B부동산 사장님이 A주택을 보여 주는데 그 자리에서 A주택을 봤다고 말하면 실례가 될 것 같아 A부동산에서 그 집을 봤다고 말하지 못했습니다. 그런데 황당하게도, B부동산은 같은 집에 대해서 A부동산보다 더 비싼 가격을 불렀습니다. 저는 속으로 'B부동산과는 거래하면 안 되겠구나.'라고 생각하며 헤어졌고, A부동산에 가서 A주택을 계약했습니다.

그런데 매매가 끝난 후 B부동산에서 난리가 났습니다. '어린 녀석이 본인에게서 집을 보고서는 A부동산에 가서 집을 계약했다. 이건 상도에 어긋난다.'며 저와 A부동산에게 엄청나게 항의를 한 것입니다.

B부동산은 그 동네에서 꽤 오랫동안 중개를 했고 A부동산은 이제 막 자리 잡은 2년차 부동산이었습니다. A부동산 사장님이 괜찮다고 저를 위로했지만 제 마음은 편하지 않았습니다. B부동산 사장님에게 'A부동산에서 집을 먼저 봤는데 그 말씀을 미리 드리지 못해 죄송하다.'고 해도 계속 믿지 않고 항의를 했습니다. '인생 그렇게 사는 거 아니야.'라는 B부동산 사장님의 말은 제가 그 동네를 사는 동안 2년 정도 이어졌습니다.

B부동산 사장님은 출근할 때 우리 집을 지나치기에 B부동산 사장님을 수시로 길에서 만났습니다. 시간이 지나 아무리 생각해 봐도 제가 더 이상 머리를 조아릴 이유가 없는 것 같아서 언젠가는 길을 지나가는 B부동산 사장님을 당당히 쳐다봤습니다. 그때부터는 B부동산 사장님이 제게 더 이상 욕을 하지 않고 제 눈을 피해 다녔습니다.

물론 제가 미리 말하지 못한 잘못은 있습니다. 그렇다고 해도 2년이 다 되도록 인상을 쓰고 화를 내며 가정교육 제대로 못 받은 놈 취급하는 그분에게 더 이상 이웃의 정을 기대할 수는 없었습니다.

제가 좋아하는 책 중에 세계적인 석학 애덤 그랜트의 『기브앤테이크(Give &Take)』가 있습니다. 베푸는 자 기버(giver)가 세상에서 크게 성공할 수 있다는 내용입니다. 하지만 기버는 크게 실패하기도 합니다. 기버가 욕심쟁이 테이커(taker)를 만났을 때 모든 걸 빼앗겨 버렸기 때문입니다. 이런 기버가 테이커로부터 자신을 보호하려면 적당히 주고받는 매처(matcher)가 되어야 한다는 교훈을 주는 책입니다.

당시에 이런 내용을 알았다면 좀 더 당당히 B부동산 사장님과 관계를 맺었을 텐데, 그때는 방법을 몰라 그렇게 속앓이를 했습니다.

세상에는 나쁜 인연만 있는 건 아니다

반면에 좋은 인연도 너무나 많이 만났습니다. C부동산 사장님은 제게서 중개료를 다 받은 적이 없습니다. "같은 동네 사람인데 복비는 이만큼만 줘."라고 말씀하십니다.(보통 최고 금액의 절반 정도를 요구하십니다.)

그러면서 자연스럽게 깨달은 게 있습니다. 부동산 중개업소 사장님을 잘 만나야 투자하는 기간 내내 심리적 안정을 느낀다는 것입니다.

저는 투자를 할 때 그 동네에서 2곳을 초과하여 부동산 중개업소와 인연을 맺지 않습니다. 가격이야 인터넷에 다 나와 있으니, 최종적으로 실매물이 있는지, 이 물건이 공동물건인지 아닌지 정도만 확인합니다. 저는 부동산 중개업소에 들어가서 제일 먼저 물어보는 게 공동물건인지 아닌지, 공동물건이면 사장님이 직접 가진 물건만 보여 달라고 요청합니다. 공동 중개 물건은 가격 조율도 쉽지 않고 이것저것 일을 처리하는 데 번거로움이 많습니다.

저는 매입하면서 중개수수료를 깎아 달라는 소리를 하지 않습니다. 대신 중개수수료는 충분히 드릴 테니 가격을 조율해 달라고 부탁합니다. 중개수수료를 부동산 중개업소 사장님께 다 드리니, 사장님도 최선을 다해 제 편에서 조율을 해 줍니다.

인테리어도 마찬가지입니다. 기술자들의 인건비를 깎지 않습니다. 대신 조금만 더 신경 써 달라고 부탁합니다.

저는 임대를 놓을 때 중개수수료를 준 경험이 거의 없습니다. 임대를 그 지역에서 가장 신뢰하는 사장님에게 독점으로 내놓습니다. 그분 아니면 우리 집 임대 물건을 가지고 있지 않은 것입니다. 독점으로 내놓은 대신 중개수수료를 생략합니다. 서로 윈-윈할 수 있는 방법입니다.

부동산 중개업소 사장님들도 일이 아닌 인간 대 인간으로 만나면 일반적인 인간관계와 같습니다. 나와 맞는 친구가 있듯이, 나와 맞는 부동산 중개업소가 있습니다. 그런 부동산 중개업소를 찾고 사장님들과 인간적으로 동지가 되는 것이 부동산 투자의 첫걸음입니다.

부동산 중개업소 간에도 서비스의 차이가 있다

여러 부동산 중개업소를 다니다 보면 부동산 중개업소 간에 질적 차이가 느껴집니다. 인연을 오래 가져가는 사장님들도 있지만, 그 지역에서 1~2년 장사하다가 다른 곳으로 옮기는 사장님, 오로지 중개에만 관심 있고 매수자든 매도자든 AS를 전혀 신경 쓰지 않는 사장님도 있습니다. 이런 분들과는 한 번은 거래하지만 다음의 거래는 없습니다.

어쩔 수 없이 부동산 중개업소에 끌려가는 경우도 생깁니다. 그곳이 아니면 그 집을 살 수 없는 경우입니다. 가격 조율도 어렵고 중개수수료를 깎는 것도 힘듭니다. 그래서 가치 판단을 정확히 해야 합니다. 그 물건이 정말 마음에 들고 꼭 사야겠으면 원하는 요구를 다 들어주고 사야지 별 수가 없습니다.

생각나는 사장님이 있습니다. 지금은 은퇴하셨는데, 제가 대지 70평을 사서 상가와 다세대를 올릴 때, 그분이 상가나 다세대 말고 원룸을 최대한 넣으라고 하셨습니다. "원룸이요? 저는 상가를 운영하고 싶은데요." 하면서 그분께 웃음만 드리고 제 계획대로 건물을 올렸습니다. 그런데 이 신축 건물이 재개발 지역으로 묶였습니다. 그때는 쪼개기에 대한 규제가 없을 때였기 때문에 집 하나당 조합원이 다 인정되던 시절이었습니다. 원룸을 넣었으면 적어도 12개는 넣을 수 있었는데, 그때 원룸을 넣고 하나씩 쪼개서 12개를 팔았다면 그 돈으로 저는 일찌감치 갓물주가 되었을지도 모릅니다.

부동산 중개업소 사장님과는 좋은 관계를 맺어야 합니다. 부동산 중개업소 사장님을 한 번만 만나고 마는, 내게 복비를 덤터기 씌우는 사람이 아닌, 나와 평생 인연을 맺어 가며 나의 투자를 도와줄 사람이라고 생각하며 인연을 만들어 가야 합니다. 그렇게 인연을 맺으면 집을 살 때, 임대를 놓을 때, 집을 팔 때 두고두고 서로 윈-윈할 수 있습니다.

집을 얻으면서 동시에 사람도 얻는다는 마음으로 거래를 진행하길 당부드립니다.

04
내 집-꼬마빌딩 짓고 살기

사람들과 만나는 자리에서 건물을 지어 봤다고 하면 대부분의 반응이 '와~ 대단하다.'입니다. 집을 지었다고 하는 것은 직접 몸으로 벽돌을 나르고 미장을 했다는 뜻이 아니고, 건축주가 되었다는 뜻입니다. 집을 지어 본 사람들은 구체적인 내용을 물어봅니다. '대지 몇 평이냐? 건평은? 용도는 뭐로 지었냐? 외장은? 내장은? 일조권이, 사선제한이…' 같은 이야기가 오고 갑니다.

우리는 흔히 본인이 해 보지 않은 일에 대해 어려움을 느끼거나 동경하는 경향이 있습니다. 두렵고 거대해 보일지라도 막상 경험을 해 보면, 막연한 환상에서 벗어나 편안함과 안정감을 가지게 됩니다. 현실을 직시하게 됩니다.

건물주가 되기 위해서
꼭 돈이 많아야 하는 건 아니다

건물을 직접 짓는다면 일견 돈이 많이 들어가고 셈법이 복잡할 것 같지만, 계산을 해 보면 그렇지 않다는 것을 알 수 있습니다.

저는 단독주택을 다가구주택으로 리모델링해서 거주하는 데 성공한 후, 다음에 기회가 온다면 꼭 신축을 해 보겠다고 마음먹게 되었습니다. 거의 신축 수준으로 뼈대만 남기고 4개월이 넘게 리모델링하고 1개 층을 증축까지 했지만, 리모델링은 리모델링일 뿐 완벽한 신축의 느낌은 나지 않았습니다. 담장이나 곳곳에 남아 있는 30년 된 벽돌들이 새 집의 분위기를 어정쩡하게 만들었습니다.

그렇게 시간이 흐르다가 직접 건축할 기회가 왔습니다. 대지가 70평의 허름한 건물을 발견했는데, 북향의 코너집이라 건축하기 쉬울 거라는 생각이 들었습니다. 돈이 모자라서 고민을 하다가 지인을 투자자로 모시고, 건축 후에 지분을 나누었습니다.

지금 생각해 보면 은행을 좀 더 다녀보고 공격적으로 대출을 해도 되지 않았을까 싶습니다. 그때는 지금과 같은 금융 지식이 없었습니다. 은행에 아는 사람도 없었습니다. 지금은 은행에 아는 사람이 많아서 행복합니다.

건축에 대한 공부를 본격적으로 시작하다

직접 건축을 하기로 마음먹고, 제일 먼저 한 것은 건축하는 방법과 절차를 알아보는 것이었습니다. 이전에 했던 단독주택 리모델링의 경우, 집 장사를 하는 지인에게 부탁했는데, 건축도면도 그렇고, 시공도 그렇고 뭔가 딱딱 맞아 떨어지면서 시원시원하게 진행되는 느낌이 없었습니다. 덜 투명하고 덜 상식적이라고 할까요?

다른 물건들도 그렇지만, 건축도 무조건 싸다고 좋은 게 아닙니다. 자기가 아는 만큼 보이고, 아는 만큼 조율할 수 있고, 아는 만큼 공사를 꼼꼼히 챙길 수 있습니다. 이번 공사만큼은 정석대로 일을 처리하고 싶었습니다.

그래서 건축사는 홍대 출신의 베테랑으로 정했습니다. 지나고 난 뒤에 안 사실이지만 (물론 건축가에게 큰 집, 작은 집의 개념은 없지만) 베테랑 건축가에게 건평 140평은 사실 그렇게 큰 건물은 아니었습니다. 처음에 2,000만 원 정도로 시작한 설계비용은 수정을 거듭하면서 1,000만 원 정도를 추가로 지불하고 끝이 났습니다.

당시 시공비용으로 4억 원 정도 썼는데, 시공비 대비 설계비용이 그렇게 많이 든 것은 아니지만, 일반 건축사에게 맡겼다면 비용이 훨씬 줄어들었을 것입니다. 아무튼 당시 저는 대한민국 최고는 아니더라도 허용하는 범위 안에서 최선을 다하고 싶었습니다.

시공은 대기업 건설사 출신의 사장님이 운영하는 중소건설사에게 맡겼습니다. 인사는 사장님과 했지만, 일은 현장을 맡은 소장님이 다 처리했습니다. 이 소장님 역시 대형 건설사 출신이었습니다.

그때까지만 해도 제가 일 처리하는 방식은 대략 이런 거였습니다.

"형, 건축사 아는 분 있어요?"

"삼촌, 시공사 좀 소개해 주세요."

"내가 아는 곳 있는데 철거하는 곳 소개해 줄까?"

열심히 사는 것과 최고의 방안을 마련하는 것은 다릅니다. 20대의 나이로 제가 할 수 있는 일과 선택에는 한계가 있었고 시야도 좁았습니다. 지나고 나면 아쉽지만 당시로 돌아간다 해도 또 이렇게 일을 했을 것 같습니다.

순조롭다 싶었는데 일이 터지다

설계와 시공할 곳까지 정하고 철거에 들어갔습니다. 순조롭게 철거를 끝내고 시공으로 넘어가려는데 철거회사가 현장을 떠나지 않고 돈을 요구했습니다. 제가 돈을 다 줬는데 무슨 소리냐고 했더니 자신들은 돈을 받은 게 없다고 했습니다.

믿고 지내던 형님에게 철거를 부탁했고, 그 형님이 중간에서 철거 가격을 조율해 준다며 돈을 자신에게 보내라고 했는데, 중간에 이 형님이 철거비 1,500만 원을 가지고 잠적을 한 것이었습니다.

환상적인 팀으로 진용을 짜고 시계 바늘 돌아가듯 척척 일을 처리하려고 했던 저의 야무진 꿈은 첫 단추부터 무너져 내렸습니다. 세상일은 호락호락하지 않았습니다.

철거도 그냥 시공사에게 맡겼으면 되는 건데, 그 형님의 돈 좀 아껴 보자는 말에 넘어가 사단이 나고 만 것이었습니다.

철거비가 준 교훈

다행히 그 형님의 집에 연락을 해서 아버님과 통화를 했습니다.

"아버님, 안녕하세요. 아무개인데요. 형님이 철거비를 가져갔는데 잠적했습니다."

"아니, 이보게. 그 놈을 뭘 믿고 그렇게 일을 맡겼나?"

알고 보니 그 형님의 아버님이 제법 큰손이었습니다. 재산이 꽤 있는데도 아들이 정신을 못 차리고 다니니까 여전히 재산을 물려주지 않고 작은 사업을 시키고 있었던 거였습니다. 저도 그 형님을 한 다리 건너 알게 되었는데, 그 사건으로 많은 걸 배웠습니다.

우선은 절대 '내가 직접 사귀고 알게 된 사람이 아니면, 또 스스로 검증하고 확신을 가진 사람과 친구가 아니면 거래를 하지 않는다.'라는 철칙을 세웠습니다. 그리고 일에 대한 책임은 저에게 있다는 것입니다. 사람을 못 알아 본 것도 제 책임, 제 일을 남에게 맡긴 것도 제 책임입니다. 따라서 다음부터는 '책임에 대해 가볍게 생각하지 않는다.'라는 철학을 가지게 되었습니다.

지금 생각하면 '1,500만 원 정도야 다시 벌면 되지.'라고 생각할 수 있지만, 당시 제대로 된 직업이 없던 제게는 어마어마하게 큰돈이었습니다. 그러지 않아도 자금이 부족해서 다른 투자자까지 모셔서 건물을 올리고 있는데, 최악의 경우였으면 대형사고가 날 뻔했습니다. 그 형님의 아버님이 앞으로는 "우리 아들을 믿지 말게. 아들 일로 미안하네."라고 말씀하시며 철거비를 보내주셨습니다. 해피엔딩이라 천만다행이었습니다.

철거가 끝난 땅을 보는 것만으로도 흐뭇하다

철거가 끝나고 평평해진 땅을 보고 있으면 건물을 짓지 않은 상태인데도 마음이 흐뭇해집니다. 건물이 있을 때는 땅이 그렇게 넓은지 모르는데, 건물을 철거해 놓고 나면 땅이 참 넓어 보입니다. 그 땅을 포클레인이 고르는 모습을 보면 기초 공사를 하기 전에 땅에다 그림을 그리는 느낌입니다. 뭘 봐도 아름답습니다.

공사는 지하층을 만드느냐 만들지 않느냐에 따라 공사비나 공사기간의 차이가 큽니다. 당시 우리 건물도 지하층을 만들면 1억 원이 더 들고 공사기간도 1개월 반에서 2개월 정도 더 걸린다고 했습니다. 더구나 땅을 팠는데 아주 큰 돌덩이 같은 게 나오면 공사가 정말 어려워진다는 말도 들었습니다.

고민을 하다가 돈을 조금 더 들여서 지질 검사를 했습니다. 땅 두 곳에 지점을 정하고 땅 깊숙이 넣어 보니 지하에 돌이 있었습니다. 과감하게 지하층을 포기하고 지상층으로만 4개 층을 짓기로 했습니다.

공사를 할 때는 이웃과 잘 지내야 한다

철거해 놓고 나면, 꼭 쓰레기를 버리고 가는 사람들이 있습니다. 그래서 최대한 이웃 주민들과는 잘 지내는 게 좋습니다. 쓰레기만 버리면 양반인데 구청에 민원을 넣으면 참 힘들어집니다.

저는 건물을 철거하기 전에 미리 이웃 주민들께 "이번에 여기 매매를 하게 되었는데, 신축을 하니 잘 부탁드립니다." 하고 인사를 합니다. 그때 세탁세제를 들고 집집마다 다니며 집주인, 세입자 가리지 않고 신축부지 옆집부터 옆옆옆집 정도까지 쭉 돌았습니다.

그렇게 인사를 하고 나면, 이웃들이 공사 중에 수시로 공사장을 둘러봅니다. 주로 낮 시간에는 아주머니들이 집에 계시다 보니, 공사 중에 아저씨들보다는 아주머니들과 더 많이 왕래했습니다.

기억나는 에피소드 하나는 당시 뒷집에서 제게 담장을 조금 옮기자고 제안했습니다. 요지는 담장이 지금처럼 되면 본인 차를 넣고 빼기가 너무 불편하니 신축하는 김에 우리 집 담장 앞부분을 50센티 정도만 틀자는 거였습니다.

당시에 저는 조금 양보하는 정도라고 생각해서 그러자고 했습니다. 그렇게 말을 들어주면 신축 공사할 때 '뭐라고 하지 않겠지.'라는 생각도 있었습니다. 그런데 지금 생각해 보면, 그 땅이 반 평 내지 1/3평은 되는데, 그걸 대지 평당 3,000만 원으로 잡으면 1,000만 원 정도 양보한 셈이었습니다. 그때는 지금처럼 집값이 오를 줄 몰랐습니다.

신뢰 가는 건축회사, 건설사와
일을 하면 편하다

기초 공사를 하고 집을 짓는 건 순리대로 술술 진행되었습니다. 크지는 않지만 건실한 회사에 맡기니 마음이 편했습니다. 시공사도 당시에 소개를 받았는데 소개해 준 사람이 꽤 괜찮은 분이라 그분 덕에 믿고 맡길 수 있었습니다.

총 4층 건물을 지었는데, 1층과 2층은 상가, 3층과 4층은 다세대로 올렸습니다. 단독주택 리모델링을 하면서 드라이비트는 절대로 쓰지 않겠다고 마음먹었지만, 시공비 압박에 결국 건물 4면 중 건물 뒷면은 드라이비트로 절충을 했고, 나머지 세 면은 화강암 색을 섞어 가며(띠장이라고 함) 깔끔하고 예쁘게 마무리했습니다.

당시에 조경 면적을 확보하는 것이 꽤 까다로워 건축사가 고심을 하다가 1층 주차장에 조경을 한 후, 3층 다세대 베란다에 조경을 추가하여 법 규정을 맞추었습니다. 다세대 중 가장 끝 집은 베란다에 나가면 조경수가 있는 호사를 누렸습니다.

건물은 짓기 나름이라 마음만 먹으면 일반적인 구조와 다르게 독특하게 지을 수 있습니다. 우리 집을 지은 건축사도 독특한 처리를 했습니다. 우리 건물에는 1.5층, 그러니까 1층과 2층 사이에 공용화장실이 있었는데, 2층과 3층 사이에는 공용화장실이 필요 없어서 빈 공간으로 남게 되었습니다. 건축사는 그 공간을 일부는 창고로 만들었고(이런 창고는 건물을 운영할 때 정말 유용합니다.) 그래도 남는 공간은 다세대 첫 번째 집 거실에서 밑으로 문을 열면 아래로 내려갈 수 있는 지하방을 만들었습니다.

이렇듯 집은 본인의 취향을 최대한 반영해서 지을 수 있습니다. 단, 항상 팔 때를 생각해야 합니다. 자신의 취향 저격은 좋으나, 팔 때는 그 취향이 발목을 잡을 수도 있다는 사실을 명심해야 합니다.

이렇게 건물을 짓고 사용승인을 받고 취등록세를 내고 나면 진짜 내 집, 내 건물이 됩니다. 첫 번째 집 건축은 봄에 철거를 시작해서 겨울쯤에 공사가 끝났습니다. 그런데 내 집을 지었다고 끝나는 게 아닙니다. 진짜 게임은 집을 짓고 난 후부터 시작합니다.

건물 공사는 임차인이 들어와야 비로소 끝이 난다

집을 다 짓고 난 기쁨은 잠시일 뿐, 이젠 세입자를 구해야 합니다. 주택은 지어 놓은 뒤에 전세를 조금 싸게 놓거나 월세를 조금 낮게 하면 금방 금방 나가는데 근린시설(상가, 사무실)은 차원이 다릅니다.

별 대책도 없이 1층 상가 창문에 전화번호와 평수를 A4에 프린트해 붙여 놓았습니다. 수주가 지나도 아무 연락이 없었습니다. 점점 불안해져서 부동산 중개업소에도 여기저기 내놓았습니다. 임대사업을 시작하면 '피터팬 좋은 방 구하기(이하 피터팬)'와는 절친이 될 수밖에 없습니다.

피터팬에 내놔도 연락이 띄엄띄엄 왔는데, 당시는 피터팬도 상가보다는 원룸, 투룸 위주의 월세 시장이 주를 이루었기 때문입니다. 그렇게 기다리고 기다리다 겨우 임대를 다 놓았습니다. 건물 짓는 것까지는 좋았는데, 임대를 채워 넣는 게 얼마나 힘든지 체감할 수 있었습니다.

건물을 운영하면서 기억에 남는 몇 가지 에피소드

한 번은 근린시설(상가, 사무실) 임차인들이 화장실을 이용하는데 춥다고 했습니다. 그래서 '임차인들이 추우면 안 되지.' 하는 생각에 전기 히터를 화장실에 달았습니다. 그런데 몇 주 지나서 건물을 점검하러 가 봤더니 도둑이 훔쳐 가고 없었습니다. 그래서 다시 전기 히터를 설치하고 화장실에 도어락을 설치했습니다. 그런데 또 도둑이 훔쳐 갔습니다. CCTV를 달았어야 했는데, 당시에는 그런 생각을 하지 못했습니다.

한 번은 임차인들이 등 갈 때 편하라고 (집 층고가 높았기 때문에) 사다리를 아주 좋은 걸로 샀습니다. 이후에 임차인들 가게에 전등이 나갈 때마다 뿌듯한 마음으로 형광등을 갈아 줬는데, 도둑이 이 사다리도 훔쳐 갔습니다. 사다리가 꽤 크고 무거워서 창고에 들어가지 않아 건물 뒤편 공간에 두었는데, 구입한 지 1년도 안 돼서 감쪽같이 사라졌습니다.

이후로는 생고생하지 않기로 마음먹고, 형광등 가는 건 동네 전기가게 사장님께 맡겼고, 건물 청소도 뒷집 아주머니와 친해지면서 맡겼습니다. 그 밖에도 도배가게 사장님, 방수업체 사장님, 페인트가게 사장님, 설비업체 사장님 등 건물 관리와 연관이 있는 많은 사람을 시간이 지나면서 알게 되었습니다.

건물주가 꼭 환상적이지만은 않다

사실 저는 임대사업자 카페에 가면 하수 중에 하수입니다. 귀동냥하기 바쁩니다. 그 카페에는 지금도 집을 짓는 사람들이 사진을 올리고, 서로 물어보고 조언하면서 어떻게 하면 집과 건물을 잘 가꿀까 고민합니다.

임대업자는 세입자가 뭔가 고장 났다고 하면 가서 고쳐 줘야 하고(물론 사람을 써도 되지만 인건비가 들어갑니다.) 부동산 중개업소에 맡겨도 세입자가 구해지지 않으면 직접 세입자를 구해야 합니다. 임대사업도 사업입니다. 세상에 힘들지 않은 일이 없듯 임대사업도 만만하지 않습니다.

어느 정도 능숙해지면, 굳이 부동산 중개업소를 이용하지 않고 표준계약서와 신뢰를 바탕으로 임대차 계약을 하기도 합니다. 부동산 중개업소, 도배가게, 싱크대가게, 페인트가게, 방수업체, 설비업체, 전기가게 등 건물 관리업체 사장님들 명함이 수북이 쌓여 갈 때쯤 되면, '아, 내가 지금 임대사업을 하고 있는 거구나.' 하고 실감하게 됩니다.

그렇다고 전업으로 임대사업을 하는 것도 쉽지 않습니다. 웬만큼 집이 많거나 방의 개수가 많지 않고서는 전업으로 할 만큼 매일 할 일이 있진 않습니다.

꼬마빌딩 짓기에 들인 총비용과 투자 수익

(2000년 중반 이야기라 요즘 시세와는 차이가 있을 수 있으나) 대지 70평 구입하

는 데 평당 1,000만 원 해서 7억 원이 들었습니다. 건물 140평 짓는 데 시공비 4억 원, 설계 3,000만 원, 철거 1,500만 원, 기타 취등록세 등 총액이 12억 원 정도 들어갔습니다.

여기서 순수 자본은 6억 원 정도 들어갔습니다. 은행에서 3억 원 정도 대출받았고 나머지는 다세대 전세로 충당했습니다. 그리고 상가에서 월세가 400만 원 정도 나옵니다. 보수적으로 잡으면 자본금 대비 수익이 6~7% 나오는 겁니다.

복잡한 셈법은 차치하고, 간단하게 계산해 보겠습니다. 총 12억 원이 들었습니다. 건물 전체를 월세로 놓으면 650만 원 정도 나옵니다. 그러면 1년 월세 합이 7,000만 원이 넘습니다. 제가 빌라를 살 때 적용하는 월세 곱하기 30년을 여기에 적용해 보겠습니다. 7,000만 원 곱하기 30년 하면 21억 원 정도가 되니 보수적으로 잡아도 짓는 순간 건물의 가치는 15억 원 이상이 되는 것입니다.

건물을 짓는 데 시간도 들고 노력도 들지만 이 건물의 경우에는 완공하고 나서 매매가가 원가 대비 8~9억 원의 차액이 생겼습니다. 실제로 현재 이 건물이 유지되고 있었다면 그 이상의 가치를 할 것입니다.

결론은 건축을 성공적으로 한다면 투자금 대비 꽤 괜찮은 수익을 얻을 수 있습니다. 저는 이 건물에서 살지 않았지만, 실거주를 할 수도 있습니다. 본인 건물 제일 꼭대기층에 살면서 아침에 건물 주변을 청소하는 상상을 해 보세요. 아주 흐뭇하지요?

건축주가 되어 보자!
건축하는 것이 꼭 큰돈이 드는 건 아니다

투자 흐름		재개발 평가액	현재 시세	
구축 매입가격	7억 원		아파트1 시세	13억 원
건축비용	5억 원		아파트2 시세	13억 원
대출금	3억 원	5억 원	아파트1 분양가	5억 5,000만 원
지인 투자 유치	3억 원		아파트2 분양가	5억 5,000만 원
보증금	3억 원			
순투자금	3억 원	투자 수익	2억 원	투자 수익	15억 원

꼬마빌딩이라고 하면 대개 큰돈이 들어 갈 거라 생각할 수 있습니다. 이는 맞는 말이기도 하고 틀린 말이기도 합니다. 자금을 어떻게 운영하고 구성하느냐에 따라 내 돈이 많이 들 수도 있고 적게 들 수도 있습니다.

통상 꼬마빌딩은 월세 수익을 위해 매수하거나 짓게 되지만, 꼬마빌딩이 재개발 구역으로 편입된다면 자금 운영이 달라지기도 합니다. 제가 처음에 꼬마빌딩을 지을 때는 재개발 구역으로 묶일 줄 몰랐습니다. 짓고 나니 재개발 구역이 되었고, 일부 세대는 팔아야만 했습니다. 그렇게 생긴 자금을 다시 부동산에 재투자했습니다.

자금의 흐름이 복잡하지만 단순하게 설명하면, 12억 짜리 꼬마빌딩이 완공되기까지 순투자금은 3억 원이 들어갔습니다. 투자에 참여한 지인에게 일부 지분을 넘겨주었고, 훗날 재개발 구역으로 지정되면서 일부 세대는 팔게 되었습니다. 팔면서 일부 투자금은 회수했으나 양도세도 많이 냈습니다. 남아 있던 지분으로 아파트 2채를 분양받았습니다.

꼬마빌딩의 경우 재개발이 되지 않았더라도 월세 수익 구조를 생각해 보면, 현재 30~40억 정도의 시세는 되었을 것입니다. 당시에는 멋모르고 열심히 건물을 지었으나 지금 다시 지으라고 하면 아마 하지 못할 것 같습니다. 모를 때가 용감한 법입니다.

05
재개발 투자를 성공하는 방법

재개발(재건축) 투자를 하는 이유

일단은 청약받기가 거의 하늘에서 별 따기 수준입니다. 그러니 자기 차례를 기다리다 보면 한도 끝도 없습니다. 기축을 사자니 금액이 버겁습니다. 신축을 안정적으로 공급받으면서 기다리는 시간 동안 저축도 할 수 있는 대안이 없을까요? 그게 바로 재개발(재건축)입니다.

재개발 투자는 공으로 이익을 버는 것 같지만, 꼭 그런 것만은 아닙니다. 재개발(재건축)은 사업입니다. 주택조합을 만들어서 조합원 한 명 한 명이 사업의 주체가 되어, 조합장도 뽑고 안건마다 투표해서 가부(可否)를 결정하는, 이 결정에 따라 사업의 흥망성쇠가 결정되는 사업입니다.

어느 사업이든 잘하면 대박이요, 잘못하면 쪽박입니다. 재개발 사업도 잘하면 안정적으로 집을 얻고 경우에 따라 일반 분양에 따른 이익도 가지게 되지만, 잘못되면 최악의 경우 조합이 해산되고 사업이 취소됩니다.

그 동안 쏟아 부었던 정성과 시간, 노력, 돈은 헛수고가 됩니다.

그러니 재개발 사업에 투자했다고 해서 모두가 투기꾼이라고 생각을 하면 안 됩니다. 그들이 재개발 사업을 했기에 동네가 말끔해지고, 일반 분양분이 생겨서 주택이 공급되는 것입니다. 그들이 사업을 제대로 도모하지 못했다면 그 동네는 여전히 주차장이 부족하고, 골목길은 좁고 어두우며, 편의시설은 부족한 채로 남게 됩니다.

재개발 구역에 대해 혹여나 색안경을 끼고 바라보는 사람이 있다면 이 글을 통해 관점을 새롭게 가져보기 바랍니다.

요즘 조합은 옛날 같지 않고 똑똑하다

요즘 조합원은 다들 똑똑합니다. 재건축과 관련해서 제대로 아는 게 없었던 조합원이 주였던 옛날과는 비교할 수가 없습니다. 조합장이 오더(order)를 준다고 해서, 주는 대로 무턱대고 '묻지마 투표'를 하지 않습니다. 공부할 것 다 공부하고 물을 것 다 묻습니다. 요구할 것 다 요구하고, 시정이 필요하다면 시정을 요구합니다. 조합 시스템도 점점 투명해지고 민주화되어 가고 있습니다.

요즘은 조합장들도 똑똑합니다. 조합 사업이 계속해서 생겨나자, 조합장을 직업으로 삼는 사람들도 나타나고 있습니다. 모 조합의 아파트 평면이 좋아 보이고, 단지 배치를 영리하게 한 것이 눈에 띄어 부동산 중개업소 사장님께 물으니, 조합장이 다른 조합에서 사업을 성공적으로 이끌어서 이 조합에 스카우트되었다고 했습니다.

조합 사업비가 적게는 1,000억 원, 많게는 조 단위에 이르는데, 이런 사업을 이끌 수장이 아무나 되어서야 되겠습니까? 조합장을 뽑는 일이야말로 조합원들이 정말 똑바로, 눈 부릅뜨고 해야 할 일입니다.

조합집행부가 다소 미흡하더라도 요즘은 정비 사업 절차 자체가 잘 꾸려져 있습니다. 정비 사업을 보조해 주는 전문업체들이 존재합니다. 그러니 조합집행부가 정말로 사기 행각을 벌이겠다고 마음먹지 않는 이상, 재개발 사업은 절차만 잘 밟아도 무리 없이 사업을 이끌어 갈 수 있습니다. 대박은 아니더라도 중박은 나온다는 말입니다.

재개발 사업에서 성공하는 비결

재개발 사업을 성공적으로 할 수 있는 방법은 여러 가지가 있습니다. 가장 좋은 방법은 다음과 같습니다. 재개발 구역이 지정되기 전에 주택을 삽니다. 그 주택에서 사는 동안에 재개발 구역으로 지정됩니다. 관리처분을 했는데, 감정평가 금액이 최초 구입가보다 높다면 1차적으로 이익을 얻을 수 있습니다.

대체로 조합원 분양가가 일반 분양가보다 낮습니다. 조합원 분양을 받는 순간, 일반 분양가 대비 적게는 1~2억 원 이익을 볼 수 있습니다. 만약에 일반 분양권에 프리미엄이 붙는다면, 조합원 분양권도 프리미엄이 더 생깁니다. 조합원은 층과 향에서 일반 분양보다 우선 혜택을 누리기 때문에 일반 분양권 프리미엄보다 항상 더 높은 가격을 형성합니다.

'재개발 투자에서 성공하는 방법'의 순위를 매겨 보면 다음 표와 같습니다.

재개발 투자에서 성공하는 방법

순위	주택 매입가와 감정평가 차액	조합원 분양과 일반 분양 차액	일반 분양 프리미엄	합계
1위	+	+	+	최고의 투자
2위	없음	+	+	그레이트 투자 Great
3위	−	+	+	좋은 투자 Good
4위	− (3위보다 큰 손실)	+	+	일반 분양권 수준 이익 청약보다 나은 투자
5위	− (4위보다 큰 손실)	+	+	분양권 매수 수준 이익 향, 층은 이득
6위	− (5위 수준 큰 손실)	+	없음	이익은 없으나 실거주 차원 투자
7위	− (6위 수준 큰 손실)	+	− (마이너스 프리미엄)	실거주 좋으나 단기 집값 하락 가능성
8위	− (7위 수준 큰 손실)	+	미분양 발생	프리미엄 손실 분담금 손실
9위	재개발 구역 지정 취소 또는 사업 취소(조합 해산)			프리미엄 손실

저는 가급적 1, 2, 3순위 안에서 재개발 투자 지역에 들어가길 추천합니다. 그러려면 시장을 바라보는 눈이 필요합니다. 첫째는 자기가 사고자하는 집이 저평가인지 알아야 합니다. 둘째는 이 지역이 확실히 재개발될 것인가 판단해야 합니다. 셋째는 이 지역이 분양했을 때 인기지역인가 비인기지역인가, 그래서 분양이 완판될 것인가 미분양될 것인가를 판단해야 합니다.

이런 판단이 확실하다면, 재개발 투자에서는 완벽한 승리를 거둘 수 있습니다. 물론 깨끗한 주택을 구입했다면 실거주까지 해결할 수 있습니다. 저는 그동안 두 번 투자했는데 운이 좋게 1번의 경우로 진행되었습니다. 나머지 투자는 어떤 결과를 낳을지 아직은 지켜보는 중입니다.

06
아파트 가치를 산정하는 방법

아파트 가격의 변화 규칙

아파트 가격은 기본적으로 입지, 조망, 향, 건설사 브랜드, 단지의 크기, 주민 대표단(민도民度라는 표현을 쓰기도 한다.) 등으로 결정됩니다. 그렇기 때문에 아파트 가격은 다 다른 듯해도 일정한 루틴을 가지면서 움직입니다. 같은 입지에 용적률, 단지 크기 등 모든 조건이 동일하다고 가정할 경우, 구축 A아파트와 신축 B아파트가 있다면, 32평 기준으로 가격 차이가 3~4억 원 정도 납니다. 통상 이 정도면 적당한 가격 차이라고 봅니다.

일반 아파트의 1:1 재건축은 아파트 32평을 신축하는 데 3억 원 정도 든다고 가정합니다. 구축인 A아파트가 8억 원이고 신축인 B아파트가 12억 원이라고 치면, 이는 아주 무난한 차이입니다. 둘 중에 어느 아파트를 사더라도 가치적으로 같습니다. 그렇다면 어디로 입주해야 할까요? 당연히 B아파트로 가야 할 것 같습니다.

아파트 가격 변화의 함정

그런데 여기에 함정이 있습니다. 구축인 A아파트는 이미 건물이 오래되어서 감가상각이 0에 가깝지만, B아파트는 앞으로 20년간 꾸준히 감가상각될 예정입니다. 그렇다면 시간이 지날수록 A아파트와 B아파트의 가격 차이는 어떻게 될까요?

A아파트가 20년 된 아파트이고 B아파트가 1년 된 신축일 때는 둘의 가격 차이가 4억 원이지만, 시간이 지나 A아파트가 40년 된 아파트이고 B아파트가 20년 된 아파트가 된다면, 둘의 가격 차이는 2억 원 정도로 좁혀질 가능성이 큽니다. 왜냐하면 그 사이에 B아파트는 낡으면서 건물 가격이 지속적으로 깎였지만, A아파트는 건물 가격이 더 이상 깎이지 않기 때문입니다.

미래를 생각해 보겠습니다. 현시점에서 A아파트를 사는 것과 B아파트를 사는 것 중 어떤 것이 이익일까요? 투자적인 가치를 생각하면 A아파트를 사는 게 돈을 아낄 것 같습니다. 신축에 사는 삶의 질을 생각하면 B아파트를 사는 게 나을 것 같습니다.

A아파트를 결정한 당신이라면 현재의 낡음, 불편함을 감수하더라도 미래의 이익을 선택했습니다. B아파트를 선택한 당신은 투자 이익도 중요하지만, 새 차를 타듯 새 아파트에서 살고 싶은 겁니다. 앞으로 10년 이상은 신축의 프리미엄을 누릴 수 있습니다.

그러니 결국 가격에 공짜는 없습니다. 가격에 모든 것이 포함되어 있습니다. A아파트는 A아파트로서의 가치를, B아파트는 B아파트로서의 가치를 가집니다. 결정이 간단해졌나요? 조금 불편하더라도 미래에 돈을 더 벌고 싶다면 구축인 A를 선택하고, 미래에 돈은 좀 덜 벌더라도 현재의 아늑함이 좋다면 B를 선택하면 됩니다.

신축 아파트의 지나친 프리미엄을 경계하라

지금의 예는 사실 쉬운 편입니다. 구축인 A아파트와 신축인 B아파트는 비슷한 가치를 가지고 있어서 선택만 하면 되기 때문입니다. 단지 돈을 조금 더 벌기 위해 구축에 살 것이냐, 돈은 조금 덜 벌더라도 신축의 아늑함에 살 것이냐의 차이뿐입니다.

그런데 다음과 같은 경우가 있습니다. 구축인 A아파트는 5억 원인데, 신축 중인 B아파트는 분양권이 10억 원입니다. 이럴 경우 어떻게 될까요? 대개 구축 A아파트의 가격이 쫓아 올라와 6억 원 정도까지는 오르게 됩니다. 이래서 신축 아파트 옆 구축 아파트를 사면 반사이익을 누린다고 하는 겁니다.

B아파트 분양권이 13억 원으로 올라가면 구축 A아파트도 7억 원까지 올라갑니다. 그래도 갭이 5억 원입니다. 여러분은 어떤 선택을 하겠습니까? 통상 분양권은 입주하기 시작하면 가격이 더 오르고 등기를 하면 더 오릅니다. 현재의 시장흐름이라면 B아파트는 15억 원까지 갈 것입니다. 그렇다면 A아파트는 키를 맞추기 위해 10억 원까지 갈까요?

이제부터 A아파트와 B아파트는 가격의 궤를 같이 합니다. 3~4억 원 정도의 가격차를 가지면 적당할 것 같은데, 아마도 B아파트는 초기 1~2년간은 신축 프리미엄이 있어 A아파트와 가격 차이를 5억 원 정도로 벌릴 것입니다. 신축 아파트에 대한 선호가 높아지면서 가수요가 붙기 때문입니다.

심지어 A아파트에서 B아파트로 옮겨가는 이들도 있습니다. 아파트가 빨리 팔리지 않으니 급매도를 합니다. A아파트와 B아파트가 최대로 벌어지는 순간입니다. 우리는 이 타이밍에서 A를 사야 할까요? B를 사야 할까요?

이때 B아파트를 사는 사람들은 신축에서 사는 기쁨은 있지만 5년 정도 지나고 나서는 가격 조정을 상당히 받게 됩니다. 시간이 10년, 20년 지나 옆에 새로운 신축이 나타나고, 그 신축에게 대장 아파트를 자리를 내주면서 그 아파트와 밑으로 갭 5억 원 정도를 형성하게 됩니다. A아파트의 운명을 B아파트가 고스란히 따라 가는 겁니다. 이것이 아파트가 가진 숙명이요, 흥망성쇠입니다.

아파트 투자의 순간, 찰나를 포착하라

이렇듯 아파트는 가격 차이를 벌렸다 좁혔다가 하면서 루틴하게 돌아갑니다. 서울이든 지방이든 똑같습니다. 가격이 높고 낮을 뿐 가격의 흐름은 비슷하게 흘러갑니다.

한 가지는 확실합니다. 구축으로 갈수록, 재건축이 다가올수록 건물 가격의 하락은 없습니다. 입지가 좋다면 지가의 상승으로 지속적으로 아파트 가격이 상승할 일만 남았습니다. 대신 몸테크를 해야 합니다.

신축 아파트는 처음에는 기분이 좋지만 시간이 갈수록 그 힘을 잃어갑니다. 20~30년이 지나면 결국 A아파트의 길을 걷게 됩니다. 결국 선택의 문제이지 투자의 문제가 아닙니다.

투자적 관점은 확실히 구축이 우위에 있습니다. 용산의 산호아파트가 그랬고, 마포의 성산시영아파트가 그렇습니다. 성산시영아파트의 가격 추이를 보면, 근래 10년 가까이 가격 하락이 거의 없습니다. 재건축이 가시권으로 들어올수록 건물 가격은 더 이상 떨어지지 않습니다. 오로지 월드컵경기장 옆 대단지로서의 입지만 부각될 뿐입니다. 가격이 오를 일만 남았습니다.

시장 가격은 아파트 가치를 반영합니다. 그런데 시장 가격도 종종 쉴 때도 있고 게으름을 피울 때도 있습니다. 아파트 시장에서는 1개월 정도의 기간이 그 찰나가 되는데, 그 찰나에 시장의 예상 가격보다 벌어지거나 좁혀지는 경우가 생깁니다. 그 신호를 잡는 사람이 투자적으로 우위에 서게 됩니다. 이익을 본다는 소리입니다.

아파트 가치 산정과 투자 연습용 샘플 아파트

1. 마포 용강래미안 아파트와 래미안마포리버웰 아파트
2. 마포 염리삼성래미안 아파트와 마포자이3차 아파트

Q. 과거 언제 용강래미안 아파트를 매수했으면 좋았을까요?
Q. 과거 언제 래미안마포리버웰 아파트를 매수했으면 좋았을까요?
Q. 과거 언제 염리삼성래미안 아파트를 매수했으면 좋았을까요?

실거래가격을 확인하면서 그 찰나를 찾아보세요.

07
실제로 집을 보러 다니다

9.13 대책 이후

현장은 아직 안정적이지 않습니다. 올라갈 때 핫한 지역이 먼저 올라가듯, 시장이 관망세로 돌아설 때도 핫한 지역이 먼저 돌아섭니다. 그만큼 정보에 빠르고 민감하기 때문입니다. 지금도 호가를 올려 부르는 지역들이 있습니다. 정보에 늦은 지역입니다. 정보에 어두운 사람들입니다.

이렇게 호가를 올려놓고 '왜 우리 집은 안 팔리지? 옆 동네는 집값 올려 팔았다던데, 그거 그냥 헛소문인가?' 반문하고 있습니다. 그러다가 다시 부동산 조정장세다, 매수세가 끊겼다는 소리가 들리면 매물을 거두어들이거나 급하게 팝니다. 여러분이 주목해야 하는 것은 이렇게 급하게 파는 매물입니다.

부동산을 가까이 하지 않고 뉴스를 챙겨 보지 않는 사람들은 살 때도 한 박자 늦지만, 팔 때도 한 박자 늦습니다. 살 때도 손해, 팔 때도 손해,

여기저기 손해를 보며 '부동산은 나랑 맞지 않는 투자'라고 말합니다.

실수요자의 경쟁자는 누구일까?

실수요자들은 유주택자들과 경쟁해야 합니다. 정확하게 말하면 현금부자들과 경쟁해야 합니다. 임대사업자 혜택을 벗어나는 주택들, 종부세 라인에 걸리는 주택들은 실수요자들이 조금은 안전하게 살 수 있는 편입니다. 그 밖에 임대주택 등록이 가능하고 혜택을 받을 수 있는 소형 주택들은 여전히 현금부자들과 경쟁해야 할 처지입니다.

이런 소형 주택, 저가 주택은 항상 경쟁에 노출되어 있다는 것을 명심해야 합니다. 임대사업자들, 다주택자들은 시장 가격보다 싸게 나왔다 싶으면 집 내부를 보지도 않고 사는 경우가 있습니다.

쉽게 말하면 현금 또는 전세보증금 5~10억 원 정도를 가지고 자가(自家)로 옮기고자 하는 사람들은 다소 여유롭게 집을 알아볼 수 있는 장(場)이 생겼을 테지만, 현금(전세보증금) 3억 원 이하로 실거주를 알아보는 매수자에게는 여전히 시장은 정글입니다.

그래도 다행인 것은 다주택자들이 이번 정부 발표를 통해 잠시 쉬어가려 한다는 점입니다. 굳이 긁어 부스럼 만들고 싶어 하는 사람은 없습니다. 다주택자들에 대한 세무조사로 이미 시장에 시그널을 줬습니다. 다들 움찔했습니다.

혹시 세무조사가 나오게 되지 않을까 걱정하는 다주택자들이 있다면 걱정하지 않아도 됩니다. 털어서 인건비도 나오지 않는 다주택자들은 세무조사를 하지 않습니다. 저같이 흙수저를 벗어나 겨우 동수저가 된 다주택자들, 있는 집 다 팔아 봐야 겨우 강남 모서리에 있는 집 한 채 살 수 있는 다주택자들에게 해당되는 이야기가 아닙니다.

집은 최소 50채 이상 보라

누차 말하지만 집은 여러 곳을 봐야 합니다. 최소 100채는 보고 집을 사라고 당부하고 싶지만 그렇게 하기는 쉽지 않으니 최소 50채 이상은 보고 집을 사길 당부드립니다. 집을 계속 보는 습관을 들여야 집에 들어갔을 때 어디를 봐야 하고, 자신이 특별히 신경 쓰는 곳은 어디인지, 어디를 점검할지 알게 됩니다.

오늘 집을 보러 간다고 해서 당장 시세가 꺾인 건 아닐 수 있습니다. 어쩌면 9월 13일 전보다 가격이 올랐을 수도 있습니다. 정보에 어둡고, 흐름의 영향을 늦게 받는 지역입니다. 그런 지역이더라도 꾸준히 집을 보세요. 흐름이 이게 아니라는 걸 느끼는 순간 급매물이 나옵니다.

어느 지역이든, 어느 동네든 집을 팔고 옮겨야 하는 사연은 있습니다. 아무리 불경기라도 일정 수준 이상의 매도, 매수는 항상 있어 왔다는 사실을 기억하세요.

꾸준히 집을 보는 사람에게 기회가 생깁니다. 집값은 많이 조정되어 봐야 10~20% 선입니다. 주식 시장에서 흔히 하는 말이 있습니다. '하락

때 50%가 상승 때 100%'다. 10,000원 하던 것이 50% 하락하면 5,000원이다. 5,000원 하던 것이 100% 상승하면 10,000원이다.

이처럼 상승과 하락에는 착시 현상이 있습니다. 오를 때는 많이 오른 것 같지만 5,000원 오른 것이고, 내릴 때는 조금 내린 것 같지만 5,000원 내린 것입니다. 10억 원짜리 아파트라면 8~9억 원이면 적당히 내려온 것이고, 5억 원짜리 아파트라면 4억~4억 5,000만 원이면 적당히 조정된 것입니다.

실소유자라고 생각해 보라

5억 원짜리 아파트가 4억 5,000만 원 혹은 4억 원이 되었다고 하면 마음이 불안하고 피눈물 나지 않겠습니까? 대출 2억 원에 자기 돈 3억 원으로 아파트를 마련했는데, 1억 원이 내려가다니…. 그러면 자기 돈 3억 원이 2억 원으로 줄어든 것인데, 얼마나 큰 타격일까요?

그러니 조정장세가 시작되더라도 너무 많이 싸게, 욕심을 부리며 집을 보지 마세요. 실거주를 할 거라면 적당한 오름과 내림, 등락은 고려하면서 살아가는 게 정신 건강에 이롭습니다.

일단 사고 나면 어떻게 될까요? 소유 효과로 인해 우리 집이 세상에서 제일 좋은 집, 이 지역은 여전히 저평가된 곳, 내 집은 앞으로 오를 일만 생길 집이라고 여기게 됩니다. 그렇게 생각하며 5년이고 10년이고 살아가면 집값은 어느새 또 올라 있습니다.

자, 이제 슬슬 집을 보러 다니세요. 그리고 좋은 집을 발견하면 지난 세월 집값 추이를 살펴보세요. 그리고 얼마에, 언제쯤 내가 이 집을 사면 될지 고심해 보세요.

끝으로, 실거주를 하게 된다면 양보할 수 없는 가치라는 게 있습니다. 층이 몇 층 이상이어야 한다든지, 향은 꼭 남향이어야 한다든지 등 본인이 무엇과도 바꾸지 않는 어떤 가치가 있다면 그 가치는 적어도 지키면서 집을 사세요. 왜냐하면 실거주할 집이니까….

08
상가 투자 사례와
체크 포인트

상가 투자를 왜 고수의 영역이라고 할까요? 상가 투자는 어렵지만 제대로 투자하면 대박입니다. 상가 투자를 해 보니 뭘 모를 땐 용감했으나 알고 보니 체크해야 할 요소가 너무나 많았습니다. 임대인으로 상가를 세 줄 때와 임차인으로 세를 들어갈 때 기분이 다르고, 임대인으로 세 주고 싶은 월세와 임차인으로 세 얻고 싶은 월세가 다릅니다. 이런 간극을 좁힐 수 있는 사람, 시장을 객관적으로 보고 자신의 물건을 정확히 판단할 수 있는 사람이 상가 투자에 성공합니다.

상가 투자 사례

1억 7,000만 원을 주고 상가를 매수했습니다. 대출을 1억 원 받았고,

보증금은 2,000만 원, 월세는 100만 원입니다. 대출 이율은 4%로 월 33만 원가량 지출됩니다. 자본금 5,000만 원을 투입하고 월 66만 원 정도를 얻게 됩니다. 세전 연간 수익률을 따지면 약 16%입니다.

상가 수익률 16%라는 것은 누적 수익률이 100%로 채워지는 시점에 투자한 자본을 100% 회수한다는 것을 의미합니다. 수익률 16% 상황에서는 6년 후면 대체로 자본을 회수하게 됩니다. 웬만한 투자 상품보다 낫습니다.

이 상가의 투자 포인트는 대출을 이용한 레버리지 효과, 보증금을 이용한 레버리지 효과입니다. 대출 없이 자기 자본 1억 5,000만 원으로 월세 100만 원을 받았다면 수익률은 8%입니다. 빚은 죽어도 싫다는 사람들이 있는데, 대출을 이용하고 이용하지 않고는 자유지만, 레버리지를 이용하면 수익률이 더 높아집니다.

상가는 시세 차익보다 수익률이 우선입니다. 상가의 입지는 아파트 입지와 다릅니다. 직주근접으로 지하철, 버스 등 교통이 중요한 주거와 달리 상가는 유동인구와 상권이 관건입니다. 임차인의 사업이 번성할 수 있는 입지인지가 중요합니다.

상가투자 체크 포인트

상가를 매수할 때는 체크해야 할 몇 가지 포인트가 있습니다. 대개 공실 상태가 아니라 임차인이 있는 상태에서 매도하는데, 수익률을 강조하기 위해서입니다. 보통 매수인에게 몇 %의 수익률이 나온다며, 이 정도면 훌륭하다고 홍보합니다. 그 월세가 꾸준히 유지되면 매수자도 좋겠지만, 세상은 그렇지 않습니다. 팔기 위한 미끼 임차인입니다.

이런 임차인은 이내 몇 달을 못 가 월세를 미루고 힘들다며 사업을 포기합니다. 전 주인과는 어떤 관계였는지 알 길이 없습니다. 정말로 그 월세를 내고 사업을 하고 있었는지, 할인을 받았는지 답답할 노릇입니다.

이런 우를 범하지 않기 위해 상가를 매입하기 전에는 그 주변 시세를 알아봐야 합니다. 중요한 것은 매수자의 기분으로 돌아보는 것이 아니라 임차인의 마음으로 주변 상가를 돌아보는 것입니다. 매수하고자 하는 상가와 비슷한 층과 크기의 상가는 주변에서 얼마면 얻을 수 있는지 냉정하고 객관적으로 평가해야 합니다. 그래야만 자기가 매입하려는 상가의 가격이 비싼지, 싼지, 수익률은 적당한지 알 수 있습니다.

상가를 구입할 때 또 한 가지 체크할 것은 공실일 때의 대비입니다. 상가의 덩치가 크면 클수록 관리비 리스크가 따라옵니다. 관리비가 평당 1만 원이라면 분양 평수 40평일 경우 40만 원, 100평이면 100만 원입니다. 그러니 상가는 같은 가격이라면, 크기가 크고 월세가 적게 나오는 물건보다 크기는 작지만 월세가 많이 나오는 물건이 낫습니다.

대개 크기는 작지만 월세가 알찬 물건은 1층에 포진해 있습니다. 1층 상가는 인기가 좋기 때문에 수익률은 낮습니다. 그래도 그만큼 공실이 생길 확률이 적고 안정적으로 운영됩니다. 1층 상가를 구입해서 안정적으로 운영할 것인가, 덩치 큰 고층 상가를 구입해 공실의 위험에도 불구하고 수익률을 높일 것인가? 이것은 오롯이 임대인의 전략 문제입니다.

하이 리스크 하이 리턴(high risk high return)입니다.

상가 투자는 미래를 내다봐야 한다

상가든 상가주택이든 월세가 수익률과 직결됩니다. 당장의 월세는 낮지만 미래가 보이는 곳에 투자할지, 당장 눈에 보이는 높은 월세와 수익률에 투자할지는 매수자의 몫입니다.

이대와 신촌 상권은 과거를 그리워합니다. 홍대, 연남동 상권은 활활 타오릅니다. 상수동 상권이 시동을 겁니다. 당인리 시대가 열릴지 모릅니다. 사람들이 어디로 움직일까요? 유행은 어디로 흘러갈까요? 상가 투자를 목적으로 하는 사람이라면 트렌드를 쫓아야 합니다. 아니, 트렌드를 리드해야 합니다.

일반인에게는 최신 유행을 쫓고 상가에 투자하는 건 너무 고차방정식이라 어려울 수 있습니다. 그럴 때는 살고 있는 동네라도 유심히 쳐다보고 분석해 보세요. 사람들이 점차 어느 길을 많이 이용할지, 어느 길에 유동인구가 늘어날지 예측해 보세요.

이미 수익률이 맞춰진 상가라고 해서 무조건 좋은 게 아니라는 것을 명심해야 합니다. 영원한 상가도 있지만 타오르다 꺼지는 상가도 있습니다. 유행에 민감한 동네인지, 주거지역으로 꾸준한 유동인구가 있는지, 사람들이 머물지 않고 지나가는 상권인지, 사람들이 모여들어 오랜 시간 머무르는 상권인지 구분해야 합니다.

철저하게 월세 수익을 노린
상가 투자

투자 흐름		현금 흐름	
매매가격	1억 6,000만 원	월세(연간)	1,200만 원
등기비용, 중개수수료 등	1,000만 원	이자(연간)	400만 원
대출	1억 원	세전 이익	800만 원
보증금	2,000만 원		
순투자금	5,000만 원	세전 수익률	16.0%

상가 투자는 철저히 유동인구와 상권의 싸움입니다. 지역에 따라 가격이 매겨지지 않고 상권에 따라 가격이 매겨집니다. 상권이 유지되려면 상업지역의 개발이 포화상태여야 합니다. 주변에 개발 여력이 남아 있거나 상가주택, 상가건물 등이 더 들어설 여지가 있다면 경쟁이 치열해져 상가의 수익률이 유지되지 못할 수도 있습니다. 상권이 좋은 곳의 상가는 작은 평수라도 가격이 높습니다. 저는 변두리이지만 상권이 유지되는 곳, 레버리지를 이용해 월세 수익률을 극대화시킬 수 있는 곳을 선택했습니다.

매매 당시에는 월세를 120만 원 받았으나 경기가 좋지 않아 월세를 100만 원으로 내렸습니다. 월세를 내리기 전에는 수익률이 더 좋았겠지요. 앞으로 월세를 더 올릴 수 있을지는 지역의 발전에 달려 있습니다. 월세 100만 원을 기준으로 수익률을 계산해도 세전 수익률이 16% 정도 나옵니다. 부모님 생활비로 사용되는 소중한 상가입니다.

　현재 비슷한 월세 수익이 나오는 주변 상가의 급매 시세가 2억 원 정도 합니다. 상가에 투자하면서 시세 차익까지는 크게 욕심을 부리지 않지만, 그래도 3,000만 원 정도의 시세 차익이 났습니다. 투자금 5,000만 원으로 3,000만 원의 시세 차익은 꽤 괜찮은 금액입니다.

09
부동산도 손절매할 수 있어야 한다

부동산 투자를 좀 더 잘할 수 있었지만 실패한 사례, 오판한 사례를 말해 보겠습니다.

부동산도 주식처럼 처분할 때를 판단하라

주식을 하면 손절할 수 있어야 한다고 고수들이 말합니다. 안 되는 주식은 가지고 버티지 말고 빨리 팔고 오르는 주식에 올라타라는 겁니다. 저는 성격상 손절을 하지 못합니다. 오를 때까지 가지고 있어야 합니다. 그래서 20대 때 등록금을 거의 다 날려 먹고 자칫하면 한 학기를 아무런 계획도 없이 휴학할 뻔했습니다. 결국 사 놓은 주식들은 영원히 올라가지 않았습니다.

이후로 저는 주식 투자할 때 가치 투자를 합니다. 대박은 없어도 쪽박도 없습니다. 내려가도 배당수익이 매년 있습니다. 그러다가 다시 제자리를 찾거나 오르면 팝니다. 며칠이든, 몇 달이든 기다립니다. 가치 있는 주식은 언제든 제자리로 돌아옵니다.

저는 비록 손절을 배우지 못하고 졸보로 주식 투자를 하지만, 손절을 배운 사람들은 주식 투자에서 저보다 훨씬 크게 성공할 수 있습니다. 부동산도 예외가 아닙니다.

부동산에서 손절이란 어떤 경우일까요? 경험을 바탕으로 설명해 보겠습니다.

부동산 손절매의 사례

강북 5억 원 구축과 강남 10억 원 구축이 있습니다. 저는 삶의 근거지인 강북 5억 원 구축을 구입했습니다. 제 돈 2억 5,000만 원, 융자 2억 5,000만 원으로 구성했습니다. 그러면서 강남 부동산도 한 번쯤 구입하고 싶다는 생각이 들었습니다. 부동산 하락기라서 샀는데, 타이밍을 좀 빨리 잡아서 구입한 뒤에도 계속 내려갔습니다.

강북 5억 원 아파트가 4억 원 되는 동안 강남 10억 원 아파트는 8억 원이 되었습니다. 강남 구축은 매력적이었습니다. 레버리지를 활용하면 제 돈 2억 원이면 살 수 있었습니다. 대출이 70~80% 가능하던 시절이라 실거주를 하더라도 제 돈 2억 원 정도면 가능했습니다.

강북 5억 원 아파트는 융자 2억 5,000만 원을 받아서 샀는데, 4억 원으로 내려 왔으니 팔면 제 돈은 1억 5,000만 원밖에 남지 않았습니다. '강북 아파트를 팔고 신용대출을 더 받아서 강남 아파트로 갈 것인가, 강북에 월세 사면서 강남 아파트를 갭투자할 것인가?' 고민을 했는데, 본전 생각이 났습니다.

결국 저는 강북 아파트를 팔지 못하고 강남으로 갈아타는 것을 포기했습니다. 하락기 시절을 몸테크로 견디고 나니, 강북 아파트는 7억 원이 되고, 강남 아파트는 16억 원이 되었습니다.

결론적으로 강북 아파트도 손해 없이 투자금 대비 80% 가까이 수익을 올리게 되었습니다. 하지만 강남 아파트로 갈아탔다면 훨씬 높은 투자 수익을 얻었을 것입니다. 요즘 같은 폭등장에서 비정상적인 가격이라고 가정하더라도 강남 아파트는 13~14억 원 정도에 안착을 하게 됩니다. 저뿐만 아니라 많은 사람이 당시 결단을 내리지 못했습니다.

당시 제가 어떤 판단 실수를 했는지 한 번 고찰해 보겠습니다. 강북 5억 원 아파트가 20% 하락하는 동안 강남 10억 원 아파트도 비슷하게 하락했습니다. 강북 5억 원 아파트가 4억 원이 되는 동안 강남 10억 원 아파트는 8억 원이 되었습니다. 절대적인 금액 차이를 보면 5억 원의 차이가 4억 원으로 줄었습니다. 강남 부동산으로 갈아타기가 더 수월한 시점이 된 것입니다.

거기다 부동산 하락기라서 대출이 쉽고 보험회사처럼 2금융권으로 가게 되면 저리로 80%까지 대출이 가능했습니다. 부동산 투자를 평소에 준비하고 강남 가겠다는 의지가 확고했다면 당시에 결심하고 일을 벌였어야 했습니다.

몇 가지 패착을 짚어 보면 다음과 같습니다.

1. 강남 부동산을 그렇게 사고 싶은 마음이 없었다는 것

2. 강남에 갈 마음이 없더라도 투자처로서 면밀히 살펴봤어야 했다는 것

3. 강남에 대한 공부가 안 되어 있고 흐름에 대한 확신이 없으니 지르지 못했다는 것

4. 강북 투자금이 손해를 볼 때 강남도 함께 하락하면서 더 좋은 기회가 있었는데 손절매하지 못했다는 것

갈아타기는 용기가 필요하다

하락기일수록 자기가 산 부동산이 손해를 보더라도 더 많이 하락한 부동산을 눈여겨봤다가 갈아타는 용기가 필요합니다. 현재 부동산을 손절매하는 결단이 필요합니다. 저는 졸보라서 그러지 못했기에 강남 입성은 당분간 힘들 것 같습니다.

저처럼 강남이 꼭 필요한 경우가 아니라면 그나마 다행이지만, 강남이 살기에 편한 사람들, 직주근접인 사람들은 타이밍이 왔을 때 자신의 집을 손절해서 파는 판단력이 필요합니다. 그런데 손절은 결코 말처럼 쉬운 게 아닙니다.

손절은 용기, 결단, 판단이 필요한 거래 기술입니다. 그러기 위해서는 이보다 가격이 더 내려갈 순 없다는 확신과 분석, 미래지향성이 있어야

합니다. 겉으로 보이는 계산 모형과 말은 간단하지만 책임, 불안, 공포가 따르는 손절은 결코 만만하지 않습니다.

'손절 타이밍을 어떻게 잡을 것인가?'는 주식뿐만 아니라 부동산 투자에서도 매우 중요한 기술이 될 수 있음을 상기하기 바랍니다. 언젠가 이 손절의 기술을 기가 막히게 사용할 날이 올 것입니다.

10
부동산도 과식하면 탈이 난다

몸은 거짓말을 하지 않습니다. 일중독에 스트레스 받아 가며 대충 먹고 잠 쪼개 자고 하면 몇 달, 몇 년은 견딜 수 있어도 오래는 못 갑니다. 커다란 라이프 사이클 안에서 적당히 쉬어 주고 적당히 잠을 자야 몸이 견디며 나아갈 수 있습니다.

음식이 맛있다고 과식하면 어떻게 되나요? 몸이 반응을 합니다. 더부룩하고 체하고 심하면 토하거나 배탈이 나서 설사를 합니다. 면역이 떨어지면 몸살이 찾아오거나 장염이 옵니다. 식도염, 위염도 옵니다. 그러니 아무리 맛있어도 너무 많이 먹지 말고 적당히 먹어야 합니다.

집을 무리하게 사면 과식이다

부동산도 본인이 소화할 수 없는 양을 취득하면 병이 납니다. 결국은 건강하게 오래 사는데 이왕이면 좋은 집에 살고 싶은 게 우리의 욕심 아닌가요? 좋은 집을 갖기도 전에 몸부터 탈이 나면 좋은 집을 누리지도 못하고 병원 신세를 지게 됩니다. 그렇다면 부동산에서 과식을 한다는 건 어떤 의미이고 배탈이 난다는 건 어떤 의미인지 한 번 짚어보도록 하겠습니다.

집을 많이 사면 과식입니다. 단순하게 2개를 산다, 3개를 산다는 의미보다는 1년 동안 자신이 가지고 있는 집의 개수보다 2배 이상 구입한다면 과식이라고 정의하겠습니다. 이것은 아주 주관적인 판단이라 '임대쪼금식 판단법'이라고 이름 붙이겠습니다. 이는 다주택자라고 해서 모두 과식하는 건 아니라는 뜻입니다.

현재 1주택자라면 1년에 1개 정도 더 사는 건 괜찮습니다. 현재 4주택자라면 2개 정도 더 사는 것도 괜찮습니다. 그런데 1주택자가 1년 동안 몰아서 4개의 집을 산다면 그건 과식이라고 할 수 있습니다.

이것저것 감안해서 지금이 적기이고 이 시기에 몰아서 사겠다고 하는 사람, 충분히 검토했고 시장을 잘 안다고 하는 사람이라면 상관없지만 일확천금을 노려보겠다, 이번 장에서 몰방하겠다고 생각하는 사람이라면 시장을 크게 보고 사이클을 길게 보라고 조언하고 싶습니다. 왜냐하면 살 수 있는 기회는 언제나 오기 때문입니다.

부동산 과식을 해도 괜찮은 경우

집을 3~4개 몰아서 샀지만 하락기에도 감당할 수 있다면 그렇게 투자해도 좋습니다. 대출이율이 올라가더라도, 하락기에 전세보증금이 내려가서 일부 돌려 줘야 할 상황이 오더라도 충분히 소화할 수 있는 월수입이나 저금이 있다면 부동산을 한꺼번에 구입해도 좋습니다.

그렇다면 자기가 과식을 충분히 소화할 수 있는 체력이라는 건 어떻게 알 수 있을까요? 자신이 보유한 임대주택 혹은 투자주택에 대한 리스트를 작성해 봅니다. 보증금, 월세, 대출 내역을 적은 다음에 몇 가지 상황을 가정해 봅니다.

부동산 상승기에는 전세보증금이나 월세를 올려 받게 되니, 이런 상황은 무시합니다. 부동산 하락기일 때 전세보증금이나 월세가 내려가는 상황을 표로 작성해 봅니다. 5% 내려가는 상황, 10% 내려가는 상황, 최악의 경우 20% 내려가는 상황까지 가정해 봅니다.

전세보증금 5억 원짜리 집 4개를 구입했을 때, 10%가 내려가면 보증금이 4억 5,000만 원이 됩니다. 집이 4개면 2억 원을 뱉어내야 합니다. 2년 후에 2억 원을 마련할 수 있는 여력이 된다면 과식해도 좋습니다.

은행 금리 변동에 따른 과식의 결과

은행 대출의 경우, 은행 금리가 올라가는 예를 들어 보겠습니다. 실거주로 대출 8억 원을 이율 3%로 받아서 강남 집을 샀는데 이율이 5%까지 올라갔다고 가정하면, 이율 3%일 때 연이자 2,400만 원이 이율 5%일 때 연이자 4,000만 원으로 올라갑니다. 연봉 1억 원인 사람도 실수령액은 연 8,000만 원이 안 되므로 1년 동안 쓸 수 있는 돈이 연간 5,500만 원 정도에서 연간 4,000만 원으로 줄어든다는 뜻입니다. 이자를 빼고 나면 월 생활비가 450만 원에서 330만 원으로 줄어든다는 뜻입니다. 생활이 가능할까요?

연봉 7,000만 원인 사람을 예로 든다면 상황은 더욱 심각해집니다. 연봉 7,000만 원의 월 실수령액은 500만 원이 안 됩니다. 이자를 빼고 나면 300만 원으로 살아가야 하는데, 이율이 오르면 한 달 150만 원으로 살아가야 합니다. 1인 가구도 벅찬 생활비입니다. 더군다나 아파트에 살고 있으니 관리비만 해도 수십만 원 나갑니다.

하우스푸어(house poor)가 되는 과정은 의외로 간단합니다. 자기에게는 영원히 오지 않을 것 같던 시련도 몇 달 만에 혹은 1~2년 만에 찾아오기도 합니다. 우리가 잘못해서 이런 위기를 겪는 것은 아닙니다. 우리는 가만히 있어도 세계 경제가 휘청거릴 때, 미국은 기침하는 정도인데 우리나라는 감기 몸살을 심하게 앓게 되는 겁니다.

실수요자로서 실거주를 하든, 레버리지를 활용해 투자를 하든 간에 우리가 적당히 먹는지, 과식을 하는지를 자신의 건강 상태와 체력을 잘 따져 봐야 합니다.

잘하는 부동산 투자를 하라

무엇보다도 과식을 하지 않는 게 제일 좋습니다. 크게 흥하면 크게 망합니다. 부동산 사이클을 길게 보고 적당히 투자해야 합니다. 1주택자라면 1개 정도 더 사고, 4주택자라면 2~3개 정도 더 사는 선에서 사이클을 따라 가는 겁니다. 물론 이것은 안전 제일주의 '임대쪼금식 사고방식'입니다.

절제가 안 될 때는 눈으로 볼 수 있는, 가시성이 있는 표를 작성하세요. 머릿속으로 적당히 상황을 살펴보는 것과 눈으로 직접 보는 것은 다를 수 있습니다. 적어 놓은 데이터는 거짓말을 하지 않습니다. 머릿속 상상은 간혹 자신을 속입니다. 보기 싫은 부분은 멀리하고 밝은 미래만 상상하게 됩니다. 자신을 너무 믿지 말고 항상 숫자를 표시하고 글로 써서 '객관적으로 자신을 바라보는' 연습을 해야 합니다. 이것을 메타인지(meta-cognition)라고 합니다.

의욕이 있다는 것은 좋은 신호입니다. 그러나 신입사원이 의욕적으로 일을 한다고 해서 꼭 잘하는 것은 아닙니다. 열심히 하는 것과 잘하는 것은 다릅니다. 부동산 투자도 똑같습니다. 열심히 하되 잘하는 투자를 해야 합니다. 그렇게 배우고 실천하길 바랍니다.

11
절세 OK! 탈세 NO!

투자와 세금은 떼려야 뗄 수 없는 관계입니다. 세금이 아깝다고 법을
어겨서는 안 됩니다. 부동산 투자를 제대로 하겠다고 결심한 사람이라면
처음부터 탈세, 불법을 배우지 말고 합법적인 절세 방안을 연구하고 공
부하세요. 어디서든 떳떳한 부동산 투자자가 되어야지, 나라의 적폐, 정
부의 시선을 피해 다니는 졸보가 되어서는 안 됩니다. 무엇이 절세이고
무엇이 탈세인지 알아보겠습니다.

양도세 1억 원을 내다

저의 경우 2008년과 2009년경에 꼬마빌딩이 재개발 구역으로 편입되
면서 고민이 생겼습니다. 상가와 집을 다 보상받고 싶었지만, 일정 부분
분양권을 받는 것 외에 나머지는 현금 청산을 해야 했습니다. 우리 가족

이 가만히 가지고 있으면 현금 청산이지만, 일부 세대를 다른 사람에게 매도하면 그들은 분양권을 얻게 되었기 때문입니다.

저로서는 선택의 여지가 없었습니다. 양도세가 무섭다고 안고 갈 수 있는 상황이 아니었습니다. 주변 친지나 친구들에게 좋은 기회라며 매도하려 했는데 경제 상황 때문에 다들 기회를 주워 가질 않았습니다. 제 눈에는 기회이지만 다른 사람 눈에는 부담일 수도 있는 것이었습니다. 투자에 대한 판단은 그래서 어렵습니다.

어쩔 수 없이 우리는 일부 가구를 모르는 사람에게 파는 쪽으로 선택했습니다. 한참 동안 소식이 없다가 갑자기 부동산에서 연락이 왔습니다. 2억 9,000만 원에 팔라고 했습니다. 건축비와 대지 비용을 계산해 보니 이익이었습니다. 그래서 판다고 했습니다. 훗날 알았는데 고위직 공무원이 매입한 것이었습니다. 그러고는 다른 부동산에서도 연락이 왔습니다. 이미 팔았는데…. 이상해서 알아보니 며칠 후에 우리 구역이 뉴스에 떴습니다. 당시만 해도 저는 투자에 눈이 참 어두웠습니다.

정보에 느려서 5,000만 원 정도를 손해 보고 판 것이었습니다. 그리하여 다음 집은 3억 9,000만 원에 매도를 했습니다. 불과 몇 달 이내에 있었던 일입니다. 매수세가 붙기 시작하면 무섭게 따라 붙는다는 걸 몸소 느끼게 되었습니다.

당시 세금만 1억 원 넘게 냈습니다. 당시 다주택자 양도세가 40%였습니다. 이것은 절세도 아니고 탈세도 아니고 아무것도 아닙니다. 그냥 정직하게 매매를 한 것입니다.

절세할 수 있는 합리적인 방법들

만약에 손자에게라도 증여를 해서 양도세 중과를 피하는 방법을 선택했다면 훨씬 큰 투자 수익을 얻었을 것입니다. 우리 집을 산 사람들은 1~2억 원 투자해서 최소 5억 원 이상씩 벌었습니다. 폭등기인 것을 감안하면 7억 원 이상 벌었을 수도 있습니다.

절세와 탈세는 다릅니다. 양도세를 줄이기 위해 다운 계약서를 작성했다면 불법이고 탈세입니다. 증여를 했다면 합법이고 절세입니다. 절세를 위해 법 안에서 묘수를 찾으려고 노력해야지, 불법적인 탈세 행위를 저지르면 종국에는 꼬리를 밟히게 된다는 것을 명심해야 합니다.

재개발 조합원이라면 가급적 빨리 증여를 하는 게 좋습니다. 재개발 지역은 빌라 상태일 때는 평가금액이 적지만, 아파트 분양을 받고 아파트로 등기되는 순간 가치가 급상승합니다. 1억 원에 증여하면 될 물건이 분양되는 순간 6억 원으로, 등기가 되고 실거래가 이루어지는 순간 10억 원으로 뛰게 됩니다. 증여세가 상당한 부담으로 작용하게 됩니다.

주택임대사업자로 등록하는 것도 세금을 줄이는 데 유리합니다. 일정 기간 이상 임대 의무를 하고 나면, 양도세를 중과세하지 않고 일반 세율로 계산하거나 비과세로 처리합니다. 임대사업자의 경우 종부세 계산에서도 합산이 배제되는 등 혜택이 있으니 부동산 투자를 공격적으로 할 사람이라면 임대사업자 혜택을 정확히 알아보는 게 좋습니다.

또 부부 공동명의로 아파트를 구입하면 종부세나 양도세를 낼 때 절세할 수 있습니다. 양도소득세는 누진세이기 때문에 금액이 커질수록 구간

별 세금 비율도 커집니다. 1,200만 원 6%, 4,600만 원 이하 15%, 8,800만 원 이하 24%, 1억 5,000만 원 이하 35%, 3억 원 이하 38% 순으로 늘어납니다.

아주 간단하게 대략적인 계산을 해 보겠습니다.(이 계산은 대략적인 것으로 자세한 것은 세무사에게 확인해야 합니다.) 1인 단독 가구가 2억 원의 차익에 대해서 양도세를 내야 할 돈이 5,000만 원이라면 부부가 각각 1억 원에 대해 내야 할 양도세는 1,500만 원 정도 됩니다. 두 사람 것을 합친 금액 3,000만 원은 1인 단독 명의일 때 내야 할 5,000만 원보다 2,000만 원이 절약됩니다.

절세를 위해서는 세무사의 도움을 받는 것이 좋습니다. 부동산 투자 초보자일수록 상담받는 비용을 아까워하는 경향이 있는데, 세무사 상담비가 아깝다면 세무서에 가서 무료 상담이라도 받아야 합니다. 요즘은 무료로 상담해 주는 사람들도 친절합니다. 세무서 주변에 있는 세무사 사무실의 유료 상담 비용은 보통 3~5만 원입니다. 단지 상담만 할 뿐인데 많은 금액을 요구한다면 다른 세무사에게 가세요. 세무서 주변에는 수십 개의 세무사 사무실이 있습니다.

전문가인 세무사나 회계사, 변호사를 고용하는 것에 대한 시각을 바꿀 필요가 있습니다. 100만 원 들여서 1,000만 원을 아낄 수 있다면, 절세할 수 있다면 전문가를 고용해야 할까요? 말아야 할까요? 당연히 고용해야 한다고 말할 것입니다. 소탐대실이라고 했습니다. 전문가에게 주는 비용을 아깝다고 생각하지 말고 비용을 지불하더라도 꼭 절세할 수 있는 방법에 대해 도움을 받기 바랍니다.

탈세하는 사람들

주변을 살펴보면 탈세하는 사람이 분명 있습니다. 오피스텔을 구입한 후에 주거형으로 신고하지 않고 우선 부가세를 환급받습니다. 일반 임대사업자의 경우 오피스텔을 분양받을 때 부가세 환급이 됩니다. 매입가격의 10%에 해당하니 무척 큽니다. 그런 후, 공실인 것처럼 신고하거나 본인이 사용하는 것처럼 하여 매년 소득을 0원으로 신고를 합니다. 그런데 사실은 그곳에 주거용으로 임차인이 항상 거주하고 있습니다.

전/월세를 찾아다닐 때 전입신고는 안 된다고 하는 물건을 접한 적이 있을 것입니다. 대부분 소득신고를 누락하는 곳입니다. 이런 것이 탈세입니다. 혹시나 부동산 투자를 제대로 하겠다, 임대사업을 제대로 해 보겠다고 생각하다면 탈세의 세계에서 절세의 세계로, 어두운 세계에서 밝은 세계로 넘어오길 바랍니다.